ISBN 978-0-282-47222-1
PIBN 10497571

1 MONTH OF
FREE
READING

at
www.ForgottenBooks.com

By purchasing this book you are eligible for one month membership to ForgottenBooks.com, giving you unlimited access to our entire collection of over 700,000 titles via our web site and mobile apps.

To claim your free month visit:

www.forgottenbooks.com/free497571

English
Français
Deutsche
Italiano
Español
Português

www.forgottenbooks.com

Mythology Photography **Fiction**
Fishing Christianity **Art** Cooking
Essays Buddhism Freemasonry
Medicine **Biology** Music **Ancient**
Egypt Evolution Carpentry Physics
Dance Geology **Mathematics** Fitness
Shakespeare **Folklore** Yoga Marketing
Confidence Immortality Biographies
Poetry **Psychology** Witchcraft
Electronics Chemistry History **Law**
Accounting **Philosophy** Anthropology
Alchemy Drama Quantum Mechanics
Atheism Sexual Health **Ancient History**
Entrepreneurship Languages Sport
Paleontology Needlework Islam
Metaphysics Investment Archaeology
Parenting Statistics Criminology
Motivational

Oesterreichischer Musenalmanach.

Herausgegeben

von

Ritter Braun von Braunthal.

Wien,
Carl Gerold'sche Buchhandlung.
Dresden und Leipzig,
Arnoldische Buchhandlung.
1837.

Oesterreichischer

Musenalmanach.

Eduard Anschütz.

(Wien.)

Der Einsame.

Wenn der Frühling kommt geflogen
Auf der Lüfte lauen Wogen,
Und die Fluren bunt bestreut;
Wenn er Knospen lockt aus Keimen,
Lächelnd wie ein Kind in Träumen,
Wird die enge Brust mir weit.

Seh' ich hoch auf Bergesspitzen
Sonnumflossen, glühend blitzen
Felsenhang und Gletscherpracht,
Und den See im grünen Thale
Leuchten aus granit'ner Schale,
Fühl' ich warm der Schönheit Macht.

1 *

Und am Abend, wenn es dunkelt,
Wenn der blaue Himmel funkelt,
Wie ein glänzend Freudenhaus,
Und den Mondesgruß mit Liedern
Nachtigallen sanft erwidern,
Spannt mein Geist den Fittig aus.

Doch die Schwingen sind gebunden;
Blut entströmt aus alten Wunden,
Jeden Puls durchzuckt ein Stich —:
Was die Augen kann entzücken,
Mag ein froh Gemüth beglücken,
Kalt und leblos ist's für mich.

Todt, Natur, sind deine Gaben!
Seelen muß die Seele haben,
Daß sie einsam nicht vergeht;
Alles sey dahin gegeben,
Zeiget mir im wüsten Leben
Nur ein Herz, das mich versteht!

Eduard von Bauernfeld.

(Wien.)

Augsburg.

Es reiten im schönen Zuge
Die Ritter zum Turnier,
Und senken die Lanz' im Fluge,
Und spornen das stolze Thier.

Hoch auf geschmücktem Balkone
Da steht die Dame und lacht;
Sie hat dem Sieger zum Lohne
Das Schönste zugedacht.

Auf lautem Markte schaffen
Behäbig die Bürger herum;
Sie seh'n die Ritter und Waffen,
Und fragen nicht viel: warum?

Das rechnet nur und handelt,
Geht emsig ein und aus;
Auch manch ein Ritterlein wandelt
In's reiche Fuggerhaus.

Vom hohen Dome schallen
Die Glocken früh und spät,
Und Tausend und Tausend wallen
Zur Messe, zum Gebet.

Und Abends in den Zechen,
So Sonn= als Werkeltag,
Fast Tisch und Bänke brechen,
Kaum Einer sich rühren mag.

Sie schwatzen da und singen,
Und lachen munter und laut,
Und wie die Gläser klingen,
Wird bald der Fremde vertraut.

Man sieht den Becher ihn heben:
„Heil Augsburg, der freien Stadt!
Die sich Gesetz kann geben,
Und sich zum Herrn nur hat."

So ruft der Lebenskluge,
Und Alles jubelt ihm zu;
Sie führen im Festeszuge
Den Gast zur ersehnten Ruh! — —

So freud'ge Bilder mir hatten
Genaht beim Fuggerhaus —
Aus dunkeln Wolkenschatten
Trat bleich der Mond heraus.

Die Häuser standen so öde,
Nur spärlich brannt' ein Licht —
Wo bleibt die fröhliche Rede?
— Bin ich in Augsburg nicht?

Todt sind die Herzen, die warmen,
Mir wird's im Herzen so bang, —
Es schleichen die Gendarmen
Die leeren Straßen entlang.

Sonette.

I. An Elise.

Vom König Etzel rühmst du dich entsprungen,
Dem grimmen Leu'n, dem Blitz' in Kriegeswettern,
Die Reich' und Völker grausam niederschmettern,.
    Von ihm, der Gottes-Geißel wild geschwungen?

Das Mährlein ist dir, Taube, schlecht gelungen,
Daß du die Adler zählst zu deinen Vettern! —
Und säh' ich an dem Stammbaum' selbst dich klettern,
    Du hast nicht Glauben drob bei mir errungen! —

Doch nein! ich will die Wahrheit nur bekennen:
Du liebst wie er, zu streiten und zu kriegen,
    Doch nicht mit Feinden und mit blut'gen Waffen:

Dein Krieg ist, Herzen freundlich zu besiegen,
Die Wunden mild zu schließen, die sie brennen,
    Und statt der Schmerzen Wonnen nur zu schaffen.

———

II. Mahnung.

O denk' an Tantalus, den alten Zecher!
Dort saß er einst im lichten Himmelssaale,
Den Göttern zugesellt, beim Freudenmahle,
    Den Nektar schlürfend aus der Hebe Becher.

Bald ward das Herz im Uebermuthe frecher,
Verblendet irrt der Blick vom Glückesstrahle,
Es steigt der Gunst, es sinkt des Frevels Schale,
    Und nieder stürzt, verstoßen, der Verbrecher.

So muß er einsam an dem Lethe weilen!
Zu schöpfen wünscht er aus den dunklen Fluthen
    Vergessen, — oder jene Lust zurücke. —

Doch seiner spottend sieht er sie enteilen,
Und fort im Busen brennt mit regen Gluthen
    Der Sehnsucht Durst nach dem verlor'nen Glücke! —

III. Mein Tod und mein Leben.

O eitles Leben, nichtig mir verloren,
Da ich gelebt, ach, ohne dich zu kennen!
Solch todtes Seyn, ich konnt' es Leben nennen,
    Nicht wissend, du, mein Leben, seyst geboren

Es wissend hab' ich bei mir selbst geschworen,
Vom Tod', worin ich lebe, mich zu trennen,
In e i n e r Lebensgluth mit dir zu brennen;
    Mein selig Loos, unwandelbar erkoren! —

Durch dich vom Tod' nun hoffend zu erstehen,
Zum Leben, das nur du vermagst zu geben,
    Sink' ich zu deinen Füßen sterbend nieder. —

Laß nicht erbarmunglos mich untergehen
In neuem Tod', — mich, nahe schon dem Leben,
    'Noch nicht gelebt, nicht lebend, sterbend wieder! —

Ritter Braun von Braunthal.

(Wien.)

Terzinen.

Den Schlüssel sucht' ich zu des Geistes Schranke,
    Vom Schmerz' verlegt, der ohne Ordnungssinn,
    Seit vielen Tagen und der Blick, der schwanke,
Konnt' ihn nicht finden, heute fand ich ihn,
    Die Seelenruhe ist's, die ihn gefunden:
    Der Schmerz zieht jetzt mit der Erinn'rung hin,
Sie gehen, denn sie sind nicht gern gebunden.
    Der Schrank steht offen, und entgegen lacht
    Es mir aus Augen, leuchtenden, gesunden
All' der Gedanken, die der Schrein bewacht.
    Ich hab' mich nicht mehr für so reich gehalten,
    Und sehe staunend nun vor mir die Pracht

Der edlen Steine, die da nicht veralten,

    Des schönen Elements, geheißen Gold,

    Der Perlen, die sich blendend mir entfalten.

Der Schatz sey Stück für Stück herausgeholt,

    Will einmal mich erquicken am Beschauen;

    Mögt mich den Geiz'gen nennen, so ihr wollt,

Der ab sich schließt, entfremdet dem Vertrauen,

    Mit seinem Reichthum, der sein letzter Freund;

    Vor diesem Namen faßt mich noch kein Grauen.

Ihr Perlen! — Hätte Kränkung euch geweint,

    Wie würdet ihr einst lasten in der Wage,

    Wenn statt der Sonne, die euch reifte, scheint

Das Flammenmeer der Welt am letzten Tage!

    Nimm, schöne Königin, o Fantasie!

    Den edlen Schmuck; ich weih' ihn dir, nur frage

Den Geber, wie sie all' entstanden, nie;

    Ob die erstarrt im eisigen Verstande,

    Ob jene gleich dem Tropfen Thau's gedieh,

Ob diese aus des Geistes Vaterlande:

    Dies frage nicht, und schmücke dich sofort,

    Sie dienen dir zu schönem Stirnenbande.

Die Perle hat kein ebenbürtig Wort,

    Und ihrer denkt gar selten die Geschichte;

    Sie ist der Menschheit Nibelungenhort ...

Und gilt, wie dieser, nur noch im Gedichte;

    Die Ueberzeugung welkt, der Glaub' allein

    Entdeckt sie noch auf frommem Angesichte.

Ich leg' euch wehmuthvoll nun in den Schrein

    Zurück, weil ich benützen will die Stunde,

    Die selt'ne, mich erinnernd zu erfreu'n,

Und weil ich scheuen, ach! muß eure Kunde:

    Der Fantasie gehört ihr, lebet wohl! —

    Vorbei! — Mein Auge, mache frisch die Runde

Durch die Gedanken, deines Gottes voll;

    Sie laden strahlend ein dich zum Besuche

    Und heischen der Beschauung Himmelszoll!

Lies nach im Herzen, im Registerbuche

    Des Geist's; er liebt nicht, daß man übersieht,

    Denn jede Lücke wird ihm bald zum Fluche. —

Sieh' den Rubin, wie mild und voll er glüht!

    Ist's nicht der Mund im ersten Liebeskuße?

    O wie er so gesundes Leben sprüht!

So strömt's aus dem Vulkan in einem Guße,

    Was eine Nacht zum hellen Tage macht,

    Und also mild vom ersten Freundesgruße.

Blut aber ist sein Inhalt, seine Pracht;

    Denn immer auch erzeugt den Tod das Leben,

    Es ist im Daseyn schon so hergebracht.

Zwar siehst du nicht durch ihn die Pulse beben;

    Jedoch, er lebt, taubstumm geboren zwar,

    Lebt, wie der Saft vesuv'scher Purpurreben.

Ich nahm ihn aus dem schwarzen Lockenhaar.

    Des Mädchens, das mich erste Liebe lehrte

    Und das selbst keiner zweiten fähig war,

So sehr es auch, geliebt zu seyn, begehrte;

    Ich zog aus ihren Locken den Rubin,

    Trug auf der Brust ihn, die er lang' beschwerte,

Legt' in des Geistes Schrank ihn endlich hin.

    Ich kann ihn ohne Wehmuth nie beschauen,

    Obschon ich Herr viel beßrer Steine bin,

Und mich bei seinem Anblick faßt ein Grauen,

    Als säh' ich einen feig' Gemordeten,

    Als wäre dieser Todte — das Vertrauen.

Zurück, du schöner Stein, will dich nicht seh'n,

    Zurück, daß nicht die Seelenruhe wanke,

    Die mir den Schlüssel gab zum Geist, um den

Ich tagelang schon trauerte, der Kranke;

    Zurück; und sey's für immer, in die Haft! —

    Komm', Diamant, du strahlender Gedanke!

Sag' an, woher die helle Sonnenkraft,

    Sag', welcher Zone du gehörst und welcher Grube!

    Dich fand nicht die vorlaute Leidenschaft,

Dich fand nicht der Verstand in enger Stube,

Dich raubte nicht von einer Dirne Brust

Der Witz, der jugendstreichbedachte Bube;

Du fand'st dich, ohne daß ich d'rum gewußt,

Lichthonig spendend der Gedankenzelle,

Nachdem die Bienen lang' in Frühlingslust,

Begriffsleichtfertig, schwärmten um die Schwelle

Des edlen Korb's; der Honig nicht allein,

Der nähre auch das Wachs, des Lichtes Quelle.

Sag' an, Demant, woher dein Himmelschein!?

O ist denn eins aus tausend Menschenleben

Vollwerth, sag' an, von dir geschmückt zu seyn?

Den Namen, den dir die Natur gegeben,

Wie ich danach auch sinne, kenn' ich nicht.

Oft sah ich über Kummerwolken schweben

Ein heitres Sternen= Mond= und Sonnenlicht,

Ein klares, mildes, ems'ges Vestafeuer,

Das sanft, doch unaufhaltsam Bahn sich bricht

Hin durch der Stickluft Nebelungeheuer;

War das dein Abbild, schöner Diamant?

Vermöcht' ich es, ich mahlte gern' dich treuer!

Wer hat auch je dein Wesen ganz erkannt,

Obschon die Wissenschaft dich nannte Kohle!?

Wer mahlte dich, so lang' du unverbrannt!

Indem hervor ich aus dem Schrank dich hole

   In des Besitzthums schöner Freudigkeit,

   In meines Busens langentbehrtem Wohle,

Rollt auf vor mir sich die gesunk'ne Zeit

   Und mich gelüstet's, Demant, dich zu nennen

   Im Namen der Natur — Besonnenheit:

Die Götterkraft, zu einen und zu trennen.

   Was Neigung oft, der schillernde Opal,

   In Thränenbogenfarben gibt zu kennen,

Von welcher Sieben ausströmt alle Qual,

   Du zeigst es wahr! die trügerischen Farben

   Auflösend oder einend in dem Strahl,

Dem einz'gen, der Enttäuschung, dem sie starben:

   Was sollten auch, wenn die Erkenntniß mäht,

   Der Sehnsucht Blumen noch in reifen Garben!

Der Augenblick, wie er durch's Leben geht,

   Mag mir die Schätze nehmen, die er brachte,

   Des Diamants beraub' er mich nur spät,

Erst, wenn ich selbst einfahr' im Todesschachte.

   Darf ich es hoffen? Sag' es mir, Smaragd,

   In dem der Erdgeist sich die Hoffnung dachte;

Du Lenz der Gemmenzeit, der unverzagt

   Sein frisches Grün entfaltet vor dem Blicke

   Der glüh'nden Sonne! hoff' ich zu gewagt?

Ich hab' ihn abgerungen dem Geſchicke,

 Denn ſiebenmal die ſieben Farben nahm

 Er auf in ſich bei einſt geträumtem Glücke;

Ich rang um ihn mit dem geübten Gram',

 Entriß ihn der verzweiflungvollen Klage,

 Dem Schmerz', dem dumpfen Alp', der ſicher kam

In jeder Nacht ſeit einem, einem Tage,

 Da, was ich glaubte, liebte, hoffte, ſank

 In Schmach, von einer Sünde Wetterſchlage;

Ich kämpft' um ihn mit Zweifeln, ſeelenkrank,

 Ich hab' ihn der Verführung ſelbſt entſtritten

 Und ſchloß ihn ein im ſichren Geiſtesſchrank.

Verdien' ich ihn? Ich hab' um ihn gelitten.

 Den ich empfing, weiß nicht, woher und wie,

 Als Spende, nicht von Göttern zu erbitten:

Sie ſenden wohl die ſchöne Fantaſie

 In ihr Geburtland nieder, auf die Erde,

 Die von den Himmliſchen vergeſſen nie,

Zu nähren in des Menſchenbuſens Herde,

 Der ew'gen Sehnſucht keuſches Stundenlicht,

 Den Glühwurmſchein im Dunkel der Beſchwerde;

Doch die Beſonnenheit, den Demant nicht.

 So ſpricht mein junges Herz, alt an Erfahrung,

 Mein bleiches, gramzerhau'nes Angeſicht;

Besonnenheit ist keine Offenbarung.

　　Als eines Tag's ich an der Leiche stand

　　Des Mädchens, dem die Sonne sandte Nahrung

Wie ihrer liebsten Blume, das ich fand

　　Als hundertblätt'rige, gesunde Rose,

　　Um die Erziehung sorglich Dornen wand —

Und das gefallen einem Sünderlose;

　　Als diese Leich' ich sah an jenem Tag',

　　Kurz vor der Träger thierischem Getose,

Mein Mund auf den gekreuzten Händen lag,

　　Da blitzte durch mein Auge Demanthelle,

　　Beruhigt folgte ich dem Sarkofag'

Hin zu des Friedhofs traumumfloßner Schwelle:

　　Als ich von da zurück in's Leben zog,

　　Erkräftigt von der Wahrheit Felsenquelle,

Mich keine zweite Rose mehr betrog;

　　So viel ich auch der Blumen sah erglühen,

　　Mich keine andre Blume mehr belog.

Entzückte mich ihr gegen Himmel Blühen:

　　Der Pallasstein, der reine Diamant,

　　Er dürfte einen Funken hin nur sprühen;

Die lieblichste, duftreichste war verbrannt;

　　Sie welkte hin, benetzt von meinen Zähren,

　　Gefolgt von meinem Lied', indem sie schwand.

Erinn'rungrechte können nicht verjähren,

   Wo sie Vernunft gegraben hat in Erz;

   Und die Erinn'rung spricht: Du sollst entbehren!

Doch still' — es pocht schon wieder an mein Herz!

   Man kommt! Zurück, ihr Schätze, nun zum Schranke;

   Erinn'rung rief so bald zurück den Schmerz:

Stütz' mich, Besonnenheit, daß ich nicht wanke!

Seebilder.

I. Gedankenfahrt.

Als ich zu Lande, sah ich die Gedanken
Unsicher zwischen Erd' und Himmel schwanken;
Nun ich zur See, wie zittern sie einher
Unstätt vor mir im uferlosen Meer'!

Sie beben, eine flüchtige Flotille.
Hei, wer verfolgt sie? Der Corsar, der Wille!
Er holt sie ein, gibt sich in Donnern kund,
Ein Augenblick — und bohrt sie in den Grund.

Sie schweben vor mir, landentrißne Pflanzen,
Die mit den Wellen in die Weite tanzen;
Sie aber, wurzellos, in fremder Bahn,
Knickt tändelnd der vergnügte Ocean.

Zu Lande brüllten sie gar oft wie Löwen,
Nun aber sind sie sturmzerstreute Möwen,
Für die schon eine Heimath ist der Riff,
O wie genügsam! weniger — ein Schiff.

II. In der Nacht.

In das tiefe, kühle Wellengrab,
Mitternacht ist's, starre ich hinab.
Hab' im armen Haupte nur zwei Sterne;
Und die hellen nicht den Abgrund auf;
Stände euer reines Licht zu Kauf',
Ihr Gestirne, o wie kauft' ich's gerne!

O wie braucht' ich euer schönes Licht!
Meines Auges Strahl genügt mir nicht,
Aufzufinden da im Wogenreiche
Sie, die mir entrissen einst das Land,
Die als Falter vom Gestade schwand,
Sie zu finden, meiner Liebe Leiche!

III. Morgens.

Vor dem Auge, dem der Staar gestochen,
Noch der Dämm'rung blaue Aetherbinde,
Fühl' ich zwar, der Tag sey angebrochen,
Den ich bald, ein Kind den Vater, finde;
Stehe da, verstummend vor Entzücken,
In sein klares Antlitz bald zu seh'n,
Ihn zu seh'n, an's Herz mich ihm zu drücken,
Sehend, schauend durch die Welt zu geh'n!

Sehend so, wie ich das Meer durchschaue,
Drinnen jetzt die Morgensonne waltet,
Sorglich schreitend hin und her durch's laue
Sommerwasser, Bilder rings entfaltet,
Daß der Abgrund leugne nicht sein Leben,
Höh'rem Leben ewig unterthan:
So, du Licht! mit dir dahinzuschweben,
Darf ich's hoffen? Ist es nicht ein Wahn?

IV. Meeresstille.

Das Meer sinnt nach. Schon durch drei lange Tage
    Derselbe Blick; gestorben scheint sein Athem.
    Beklemmt es eine ungeheure Frage,
Entzückt es das Gedenken seiner Thaten? —
    Bestanden hat es freilich manche Fehde,
    In Streit ist's mit dem Himmel selbst gerathen;
Der kühne Mensch stellt' es gar oft zur Rede;
    Und maß an ihm die ganze Kraft des Raubes,
    Bewaffnet mit gefeietem Magnete.
Vielleicht gedenkt es eben jenes Raubes,
    Da es verloren seiner Kronen Krone,
    Die langverborgne, durch Colomb'. Ich glaub' es,
Und frage weiter nicht, denn gerne schone
    So großen Schmerzes ich; sey's auch im Feinde,
    Und dieser herrscht auf halbzerbrochnem Throne;
Wer ist, der nicht gestürzter Größe weinte?

V. Fläche.

Der Erde-flaches Leben fliehend, ging
Ich froh zur See. Als mich die Fluth umfing,
Traf mich des Erdengeistes schnelle Rache;
Ich sah das Meer, das undurchbrochen flache:

Der Himmel selbst, der mir erhaben schien,
Fällt flach auf's fahle Fluthgefilde hin,
Und nichts entlausch' ich dem Gestirngespräche
Als flaues Flüstern ob der finstren Fläche.

Die offne See hat keinen Leuchtethurm,
Denn am Gestade nur schaut man den Sturm;
Was brauchte auch der glatte Weg, der flache,
Noch andrer als der Schwerkraft träger Wache?

Mein Lehrer sagte mir: Die Erd' ist rund!
Des Lebens Kreislauf that's mir später kund,
Und aus des Meer's einsilbigem Gespräche
Entnehm' ich, daß die Rund' auch eine Fläche.

VI. Klare Tiefe.

An welchem Ufer steuern wir vorbei?
    Ich schaue kein's, so weit auch reicht mein Blick — —
    O Bild, dem trunknen Erdenaug' so neu!
Das Wasser strahlt hier nichts vom Land' zurück;
    Es läßt mich seinen eignen Reichthum schau'n,
    Den unermeßlichen, nun Stück für Stück,
Und ich vertiefe mich in Wolluftgrau'n.
    Es bannt des Auges Stern der klare Grund:
    Seh' Würmer die Korallenmünster bau'n,
D'rin Ungeheuer beten, stumm zur Stund'.
    Der Wasserrosen Urwald seh' ich da
    Zum Himmel ragen aus bemantnem Schlund',
Zur blauen Meeresdecke, mir so nah'
    Befloßte Tiger schießen, Blitze, hin,
    Einbeutend, was ihr flammend Aug' ersah;
Wie wuchert da der freigelaßne Sinn!
    Darüber segelnd, stört ihn nicht das Schiff;
    Entzücken aber, denk' ich, mag es ihn:
Denn, seh' ich recht, hängt am Kristallenriff
    Ein ries'ges Kriegsschiff mit geknicktem Mast,
    Wonach wohl tändelnd jüngst der Sturm erst griff;

Fiſchmütter werden quitt jetzt ihrer Laſt

    Darin, ein Korb iſt's für Seebienen jetzt,

    Sie ſchwimmen aus und ein in ſel'ger Haſt.

Ich blick' in dieſe Wunder wonnentſetzt,

    Ein jeder Luftkuß bringt ein andres Bild,

    So mir das Aug' mit Andachtzähren netzt!

Du warme Thräne, die hinunterquillt

    In's eiseskalte, vorwurfsbittre Meer,

    Sag' nicht des Abgrunds Bürgern, was da fühlt

Ein Erdenbürger augenblicks ſo ſchwer!

VII. Der Mast.

Das kräft'ge Schiffsvolk jauchzt, das mahnt
An feste Erde, bald'ges Land,
Die Menschheit sehnt sich nach der Scholle.
Was sagst du, Mast! dazu? Du schweigst;
Erhaben über all' das tolle
Gejauchz, indem du warnend zeigst,
Wie dumm die Menge selbst sich narrt,
Was ihrer dort am Ufer harrt.

Erzählen könntest du fürwahr,
Denkst schon so manches schöne Jahr!
Doch — deines Markes Thränen fließen,
Das Wimpel bebt, dein Augenlid,
Weil man dem Urwald' dich entrissen,
Dich schleppte her zum Marktgebiet';
Darum bei ihrer frohen Hast
Verstummst du, fester, stolzer Mast!

VIII. Der Schädel.

Dein Riesenhaupt, Schiff! ohne Schädeldecke
Beschau' ich oft mir voll Bewunderung.
Gigantisch Alles ist an dir, du Recke,
Und Alles athmet Leben, Kraft und Schwung.

Vom Steuer=Rückenmarke, aus der Puppe
Wölbt sich zum Vorderraume, deiner Stirn;
In wunderbar verzweigter Mastengruppe
Des Geistes Baum, der edle, das Gehirn.

Wer zählte d'ran die Nervenfäden alle,
All' die geheimnißvollen Knoten b'ran, —
Die Schlingen, die, des Willens Pfeifenschalle
Gehorchend, rauschen abwärts und hinan!

Die höchste Spitze am Gehirnesbaume,
Der Mastkorb, ist die Stätte für ein Kind;
Wie wir, nach ausgelaufnem Lebensraume,
Aus Kindern Riesen, wieder Kinder sind.

IX. Innerer Sturm.

Sehnte lange mich nach diesem Bilde,
Werth ist's einer Reise um die Welt!
In den Segeln schaukelt sich der milde
Sonnenstrahl; der blaue Himmel hält
An den Athem, stört nicht das Gekose
Der verliebten Wimpel, die so zart,
Buhlend flattern um die Windesrose
Nach der Landesschmetterlinge Art.

Aber zürnend diesem Sabatfrieden
Schüttelt wild sein Haupt der Ocean,
Und vernichtende Gedanken sieden
Seine Adern, schwellen mählig an,
Dehnen, bebend, seines Busens Wogen;
Staunend blickt der Sonnenstrahl darein,
Da die Segel werden eingezogen
Und die Pfeifen ihr Commando schrei'n.

Mit dem Himmel nun beginnt zu ringen
Die, durch seine Ruh' empörte, Fluth;
Jenem scheint's ein Lächeln abzuzwingen,
Wie es sich geberdet, toll vor Wuth:
Daß es Nacht ringsum nicht werden wolle.
Flüche brüllt sie in den Sonnentag,
Daß einklingend nicht der Donner rolle,
Und kein Blitz die Scene schmücken mag.

Auf dem Schiffe lagert Grabesstille,
Jeder steht an seinem Platze stumm;
Eine Seele Alle, die der Wille
Lenkt des Kapitäns: der forscht, blickt um
Zeitweis nach dem Greise dort am Steuer,
Fühlt, auf einer Nadelspitze steh'
Aller Wohl, dem kühn das Ungeheuer
Meuchelmörderisch nach dem Leben geh'.

Unaussprechlich grauenvolle Scene,
Ausdruckslos erhabene zugleich!
Himmelsauge, hast du keine Thräne?
Wendest westwärts dich, wehmüthig, weich?
Einen Blick noch! Ach, schon bist du ferne,
Einz'ger Trost! Dir folgt der klare Tag;
Zitternd fragen sich bereits die Sterne,
Was die Nacht uns Schiffern bringen mag!

Nimmer oder jetzt! brüllt's aus dem Meere:
Tausendarmig hebt's das Schiff empor,
Läßt es stürzen durch die eigne Schwere,
Reißt es wieder aus dem Schlund hervor,
Preßt, ein ries'ger Ringer, ihm die Glieder,
Quetscht es an die zorngehobne Brust.
Und dazu der Tiefe Todeslieder, —
O du Bild voll Grauen und voll Lust!

Kurze Sommernacht, wie währst du lange!
Edles Schiff, halt' aus, der Morgen naht!
Sieh, schon strahlt die Rose seiner Wange,
Liebvoll leuchtend in den Wüstenpfad,
Wo dich traf der wilde Beduine,
Stumpf sich schlug die Waffen all' an dir;
Sieh, schon schäumt er matt! Wohl, er beginne
Einen Angriff noch: der Tag ist hier!

X. Heimfahrt.

Die Seele dürstet nach der Landesquelle,
Es ließ das weite bitt're Meer sie darben;
Auch lechzt sie, müde der grüngoldnen Helle,
Nach ihren menschlichbunten Daseynsfarben.

Sie kann den Witz des Meeres nicht verwinden;
Salz, seufzt sie oftmals, sey nur eine Würze,
Nicht Kost, und kann darein sich nimmer finden
Und wünscht, daß ihre Sehnsucht bald sich kürze.

Da rauscht ihr, in der Nähe der Gestade
Ein rascher, starker, süßer Strom entgegen:
Woher? Wohin? — Ich komme ja gerade,
In's Meer vom Lande, komme deinerwegen!

Ich hab' an dich so viele tausend Grüße,
Du liebe Seele, Seele deiner Lieben;
Ich bringe dir nur Freudethränen, süße,
Und blüh'nde Klagen, daß du ferngeblieben!

Carlopago.

(Wien.)

Geisterstunde.

Zwölfmal pocht's an meine Rippen;
Zwölfmal fühl' ich dumpfe Schmerzen;
Grau'n erfaßt mich; langsam klopft es
Mitternacht in meinem Herzen.

All' die Freuden, Leiden, Qualen,
Die einst meine Brust getragen,
Steigen auf als Nachtgespenster,
Alle, so die Zeit erschlagen.

Sprecht, wer seyd ihr, bleiche Geister?
„Todter Jammer, todtes Sehnen!"
Bleiche Schatten, sprecht, wer seyd ihr?
„Todte Seufzer, todte Thränen!"

Und wer ihr, die noch viel grasser?
„Todtes Lachen, todte Küsse!"
Und wer ihr, gleich Fledermäusen?
„Todter Liebe Hochgenüsse!"

Schrecklich, schrecklich! Bleiche Schatten,
Flieht von hinnen, weicht zurücke! —
Wer bist du, der höhnischlächelnd
Auf mich starrt mit hohlem Blicke?

„Bin der Schmerz, den um den theuren
Freund du einstens hast empfunden!"
Fliehe, ich nicht bin dein Mörder!
Deine Mörder sind die Stunden!

Wehe, neue Geisterschaaren!
Das sind meine todten Sünden!
Kann ich nirgends, kann ich nimmer,
Nimmer Ruhe vor euch finden?

Lasset ab, mich zu umflattern!
Ach, ihr könntet mich nicht schrecken,
Müßt' ich nicht in euch die Aeltern
Meiner lebenden entdecken!

Wie sie grinsend mich umtanzen!
Länger kann ich's nicht ertragen!
Möcht' es endlich Eins im Herzen,
Der Erlösung Stunde, schlagen! —

Flücht'ger Schatten, der jetzt plötzlich
Mit dem Antlitz, wehmuthtrübe,
Aufgetaucht, wer bist du? rede!
„Deine todte erste Liebe!"

Ja, du bist's! An deinem Lächeln,
Aus den hohlen Geisterblicken
Kenn' ich dich! O, laß dich fassen,
Laß dich an den Busen drücken!

Du entfliehst, du bebst zurücke?
Fliehe nur, ich will mit raschen
Schritten der Begierde dennoch,
Flücht'ger Schatten, dich erhaschen!

Will dich fah'n, und wenn du flöhest
Zu der Erde tiefsten Gründen!
Hei, wie sausen nach im Rücken
All' die Freuden, Leiden, Sünden!

Hab' ich dich? Nun sollst du heilen
Meines Busens blut'ge Wunden!
Weh', da zuckt's! Es schlägt im Herzen
Eins, und Alles ist verschwunden!

J. F. Castelli.

(Wien.)

Der Gefangene.

O sey barmherzig, Mensch! brich meinen Käfig,
    Und laß mich wieder zieh'n in freier Luft,
Der Brüder Stimmen hör' ich draußen schallen
    Und meine liebevolle Gattinn ruft;
Ich kann nicht bleiben zwischen diesen Stäben,
    Die du hast übertüncht mit gold'ner Zier,
O sey ganz grausam, raube mir das Leben,
    Wo nicht, sey gnädig, gib die Freiheit mir!

Ha, Thörichter! wie kannst du dich beklagen?
    Dein Haus ist luftig, rein gefegt und weit,
Du bist vor Geiern und vor Jägern sicher,
    Das beßte Futter steht für dich bereit,
Fliegst du hinaus zu deiner Brüder Schaaren,
    So trifft vielleicht noch heute dich der Tod,
Ich will nur klug vor Uebeln dich bewahren,
    Womit dir die ersehnte Freiheit droht.

Vergebens preisest du mir meine Kette,

    Ich fühle, ach zu sehr, was ich verlor,

Und gerne zieh' ich frei im Freien sterben

    Der sichern Ruh' in deinem Kerker vor;

Des Geiers Kralle macht mich wen'ger beben

    Als deine Güte, kluger Menschensohn!

Es hat mir Flügel die Natur gegeben

    Und fliegen muß ich! —

                    und er flog davon.

J. F. Chownitz.

(Wien.)

Das Lied vom hungernden Kinde.

Ach Mutter mein, mich hungert sehr,
Ein Stücklein Brot ist mein Begehr!
   „Ach Kind, mein Kind, so warte doch,
   Das Korn zum Brote sä't man noch."

Ich weine mir die Aeuglein roth,
Gibst du mir nicht ein Stücklein Brot!
   „Ach weine nicht, ach weine nicht,
   Die Saat schon aus der Erde bricht."

O Mutter, nimmer halt' ich's aus,
Es packt mich schon so kalt und graus!
   „Kind, warte nur und schau' dorthin,
   Zur Erndte schon die Schnitter zieh'n."

Und gibst du mir bald kein Stücklein Brot,
So bin ich auf der Stelle todt!
   „Ach gleich, mein Kind, und sey nur still,
   Sie mahlen das Korn schon auf der Mühl'."

Da rennt die Mutter zur Mühl' hinans,
Hol't Mehl und bäckt ein Brot daraus!
   Doch als das Brot gebacken war,
   — Das Kind lag auf der Todtenbahr! —

Constance.

(Wien.)

Meine Freuden.

I. Nadel.

Ohne düstre Sorgenhülle
Liegt das Leben hell vor mir,
Schön in seiner Blüthenfülle
In des Frühlings frischer Zier.

Bald in stillen Blumen blühend
Aus dem duft'gen Alpenthal,
Bald in tausend Funken sprühend,
Schimmert's auf in gold'nem Strahl.

Bunt gemahlt in hellen Farben
Zieht der Schatten Zeit vorbei
Und aus seinen vollen Garben
Reicht er mir der Freuden drei.

Doch seit lange schon in Fehde,
Nahen sie mir einzeln nur,
Und es fliehet ängstlich jede
Der verhaßten Schwestern Spur.

Doch ihr Bild will ich bewahren
Eng vereint in reiner Brust;
Und aus ihren goldnen Haaren
Web' ich meines Lebens Lust.

Dort am kleinen Ahorn=Tischchen,
An der schmalen Fensterwand,
Sitz' ich gerne jeden Morgen
Mit der Nadel in der Hand.

Und sie fliegt in schnellem Eifer
Und die Arbeit fördert sich,
Keinen Blick send' ich zur Seite,
Zierlich reiht sich Stich an Stich.

Schon berechn' ich das Vollenden,
Ist der Anfang kaum gedacht;
Freude liegt in dem Beginnen,
Wie im jubelnden: „Vollbracht!"

Spottet nicht, Ihr, so die Nadel
Nur dem Niedern meint verwandt,
Glaubt es mir, ein stiller Zauber
Ist in ihren Kreis gebannt.

Schlägt sie uns auch Fingerwunden,
Die die zarte Hand so scheut;
Heilt sie, weise, manche andre,
Weil sie fessellos zerstreut.

Manches himmelschöne Hoffen,
Leicht auf schwankem Grund gebaut,
Hab' ich leise oft und flüsternd
Meiner Nadel anvertraut.

Wird's im Innern laut und rege,
Mädchen, nehmt die Nadel schnell;
Und in ihrem gleichen Takte
Wird es wieder klar und hell.

II. Tanz.

Hell und glänzend senden Lichter
Feuermeere durch den Saal,
Und geschmückt mit Kranz und Blüthe
Sitzt der Mädchen lange Zahl.

In den Augen hell und dunkel
Glänzt Erwartung froher Lust,
Und sie harren still und lauschend
Einem Zeichen, wohl bewußt.

Da erschallt es laut und kräftig
Und ein Freudenruf ertönt;
Alles jubelt, Alles eilet,
Hoffen ward zum Seyn gekrönt.

Könnt' ich es euch nur erzählen,
Wie im Innern Alles blüht,
Wenn im frohen Tanzgewühle
Mir die Wange heiß erglüht!

Wie kein leiser Wolkenschatten
Meiner Seele Spiegel trübt,
Und die kleinste letzte Sorge
An dem Glanz der Lust zerstiebt.

Ernste! denen früh das Leben
Heil'ge Blüthen hat geraubt,
Zürnet nicht dem frohen Kinde,
Schüttelt strenge nicht das Haupt!

O bedenket! laut und kräftig
Schlägt dies lebensvolle Herz,
Niemals griff mit kaltem Finger
In sein Heiligthum der S ch m e r z.

Laßt mich an dem Quelle schlürfen,
Den die Sonne klar durchscheint,
Bis Erfahrung ihre dunklen
Bittern Wellen ihm vereint.

Freude lebt in Luft und Athem,
Dringt in Aug' und Seele ein.
Mahnt mich nicht, es können Stunden
Einstens arm und düster seyn.

III. Feder.

Die Straße still und leer,
Kein Laut erschallet mehr.
's ist Nacht. Der Lampe bleicher matter Schimmer
Erhellet zitternd nur mein traulich Zimmer.
Es lagern Schatten sich umher,
In mächtigen Falten,
In fremden Gestalten,
Sie heben sich riesig, und fallen gebeugt,
So wie sie die flackernde Helle erzeugt.
Im Spiegel sich das Licht
Mit halbem Schein' nur bricht.
Der Pulsschlag einer Pendeluhr
Gibt Kunde einer Regung nur;
Ich bin allein! mich faßt kein Grauen.
Allein! ich fühle es entzückt;
Jetzt will ich Welten, neue, bauen,
Mit farbenreicherm Glanz geschmückt.
Ihr alle kommt aus euren Sternen,
Aus eurem gold'nen Zauberreich,
Bewohner klarer Himmelsfernen,
O nahet schnell, ich rufe euch!

Bevölkert meine stille Zelle
Mit eures Daseyns Rosenhelle,
Gebt Wahrheit mir für Erdentrug;
Befreit den Geist vom Körperhügel
Und leiht mir gütig Aetherflügel
Und nehmt mich mit zum Himmelsflug!

Selig nenn' ich jene Stunde,
Wo mich Phantasie begrüßt;
Wo die schöne Himmelstochter
Mir die glüh'nde Stirne küßt.

Nehmt des Lebens stolze Kronen,
Nehmt was schön in der Natur,
Meines Lebens Sonnenblüthe,
Meine Feder, laßt mir nur!

Richtet nicht, ihr strengen Weisen,
Daß ich mich zum Licht gekehrt;
Die von unserem Geschlechte
Ihr nur Schweigens Pflicht begehrt.

Bleibt nicht göttlich der Gedanke,
Wohnt er auch im zarter'n Leib?
Muß das Wort im Seufzer sterben,
Weil uns drückt der Name Weib?

47.

Heil'ge Keime soll ich morden,
Die mir Gott in's Herz gelegt?
Nein, was Er uns hat gegeben,
Ward, damit es Früchte trägt.

Ach es bleibt nicht immer freundlich,
Immer wird es so nicht blüh'n,
Ungetreu wird mir das Leben
Mit der Jugend Glanz entflieh'n!

Trübe wird der Blick, die Nadel
Zittert in der müden Hand.
Doch in ewig junger Blüthe
Bleibt der Dichtung gold'nes Band.

J. Ludwig Deinhardstein.

(Wien.)

I. Heitere Liebe.

Ewig heiter, ewig heiter,
Führst du auf der Himmelsleiter
Gold'ner Träume, Zauberin!
Mich durch's ernste Leben hin.

Wie uns Blüthen überdecken,
Wenn Zephyre sie erwecken,
Ueberdeckt an deiner Brust
Mich, Serena, ew'ge Lust.

Und wie durch kristall'ne Wogen
Leicht und freudig fortgezogen,
Kennt durch dich das freie Herz
Nichts von Kummer, nichts von Schmerz.

Ew'ge Freude, ew'ge Wonne
Gibst du, nie umwölkte Sonne;
Eines wünscht' ich nur dabei —
Daß es — manchmal — anders sey.

Dunkle Stunden, schöne Stunden,
Nacht heilt oft des Tages Wunden,
Reiner tritt des Himmels Blau
Aus der Wolke düst'rem Grau.

Lichtgemählde ohne Schatten —
Laß die Lust mit Weh sich gatten.
Weiß ich auch, du liebst mich sehr,
Weiß ich doch, du könntest's mehr.

Willst du, Mädchen, mehr mich lieben,
Mußt du manchmal mich betrüben,
Wie der Frühling Regen gibt,
Gibt auch Thränen, was da liebt!

II. Verschlossene Liebe.

Du willst mir nicht bekennen,
Was, Kind, dein Herz empfand,
Und deine Lippen brennen
Und fieb'risch bebt die Hand!

Umsonst ist all' dein Streben,
Umsonst all' dein Bemüh'n;
Woher denn dieses Beben,
Woher denn dieses Glüh'n?

So wie du pflegst, du Liebe,
Ist auch der Rose Brauch:
Das volle Knöspchen bliebe
So gern verschlossen auch.

Wohl manches Bienlein flieget
Umsonst an ihr vorbei,
Das schöne Köpfchen wieget
Die Stolze froh und frei.

Es schaut der Mond herunter
Mit manchem bleichen Strahl,
Sie merkt's nicht, und bleibt munter
Beim Fleh'n der Nachtigall.

Da glüht auf sie der Morgen,
Und ach! das Knöspchen bricht;
Das Blüh'n bleibt nicht verborgen
Und auch das Lieben nicht!

————

Karl Egon Ebert.
(Prag.)

I. Das seltsame Gastmahl.

Einst lebt' ein Mönch zu Kölln am Rhein,
Der manches Wunder schuf,
Halb in des Zaub'rers argem Schein,
Halb in des Frommen Ruf;
Albertum Magnum hieß man ihn,
Und weil er immer hold erschien,
So war er gern gelitten
In Volks und Hofes Mitten.

Der ging den Kaiser Wilhelm an:
„Herr, oft an deinem Mahl'
„Hab' ich Bescheid dir schon gethan
„Aus goldenem Pokal;
„Da du so lang' geehrt mich hast,
„So sey auch du einmal mein Gast
„Mit deinen Dienern allen
„In meinen Klosterhallen."

Der Kaiser sprach: „Mein Wort zum Pfand;

„Doch dich begreif' ich kaum,

„Hast du der Diener g'nug zur Hand,

„Und für uns Alle Raum?

„Für fünf ist schmal die Zelle dein,

„Der Klostersaal ist eng und klein,

„Wenn ich zu dir mich finde

„Mit allem Hofgesinde."

„„D'rum laß du sorgen deinen Knecht,

„„Er wird sich Raum erseh'n,

„„Es wird wohl Alles gut und recht

„„Und nach Gefallen geh'n.""

Hin ging der Mönch, als so er sprach;

Der Kaiser lacht' und blickt' ihm nach —

„Das wird ein Gastmahl werden,

„Wie kein's ich sah auf Erden!"

Doch als der Tag des Mahles kam,

Da rief er sein Geleit;

Und warm' Gewand ein Jeder nahm,

Ein pelzverbrämtes Kleid;

Denn draußen strich der Wind gar wild,

Die Straßen waren schneeverhüllt,

Die Flüss' und Bäch' und Bronnen

Mit Eisglanz übersponnen.

Sie ritten vor das Klosterthor,
Das weit schon offen war,
Albertus Magnus stand davor
In vieler Knaben Schaar;
Der Knaben fünfzig, schön und zart,
Sie nahten sich mit feiner Art,
Und nahmen ab die Rosse
Dem Kaiser und dem Trosse.

Dann ging der Mönch den Herr'n voran
Durch manchen dunklen Gang,
Bis er ein Pförtlein aufgethan,
D'raus Helle blendend drang;
Die Helle, wie vom sonn'gen Tag,
Sie kam vom Schnee, der üb'rall lag,
Da standen, voll Erwarten,
Die Gäst' im Klostergarten.

Der Mönch schritt immer weiter fort,
Der Kaiser folgte stumm
Bis mitten in den freisten Ort,
Dort sah' er staunend um;
Dort stand die Tafel, lang und breit,
Und hundert Schüsseln d'rauf gereiht,
Doch unten Schnee, und oben
Der Himmel dunstumwoben.

Wohl harrten fünfzig Knaben hier
In gold'ner Kleider Schein,
Wohl strahlte der Geschirre Zier,
Wohl funkelte der Wein;
Doch standen rings auch Baum und Strauch
Im Winterkleid'; vom Reife rauch,
Und rauschten mit den Aesten
Willkommensgruß den Gästen.

Ein Murren schlich sich durch den Kreis,
Schon war's dem Schelten nah,
Und Einer sprach zum Andern leis:
„Der Teufel speise da!"
Doch weil der Kaiser ruhig war,
So blieb es auch die Dienerschaar,
Sie setzten sich zu Tische
In dieser Winterfrische.

Da sprach der Mönch: „Ihr lieben Herr'n,
„Bei diesem Festgelag,
„Da wolltet ihr gewißlich gern
„Heut' einen Sommertag;
„Wohlan, ich bin der gute Mann,
„Der nichts dem Gast' versagen kann,
„Es soll sich euer Willen
„Im Augenblick erfüllen."

Und einen Becher trank er aus,
Die Augen glanzerhellt,
Den andern goß er weit hinaus
In's winterliche Feld;
Und wo ein Tropfen sich ergoß,
Der Schnee in weitem Kreis zerfloß,
Man sah' hervor mit Blinken
Den frischen Rasen winken.

Und plötzlich hauchte linde Luft
Der Gäste Wangen an,
Und Wohlgeruch, wie Veilchenduft,
Strich sachten Zugs heran;
Am Himmel riß der Nebeldampf,
Es ward ein wilder Wolkenkampf,
Zuletzt mit warmen Strahle
Schoß Sonnenglanz zu Thale.

Da ward es oben licht und blau,
Und unten mählig grün,
Der kalte Schnee ward weich und lau,
Und floß in Strömen hin;
Die spitzen Halme strebten auf,
Und Knospen guckten frisch herauf,
Die Bäume, froh erschrocken,
Entschüttelten die Flocken.

Und wärmer ward der Sonne Blick,
Es borst des Springbrunn's Eis,
Er schoß hinauf und fiel zurück,
Und sprühte hell im Kreis,
Und in der Beete weitem Rund
Erblühten Blumen dicht und bunt,
Und rings begann an Zweigen
Sich Blüth' und Blatt zu zeigen.

Zugleich erhob sich wirrer Zug
Von Käfern aller Art,
Der Falter kam im leichten Flug',
Die Biene, dichtgeschaart,
Und Zeisig, Fink' und Nachtigall
Wetteiferten in hellem Schall,
Und sangen frohe Lieder
Von allen Bäumen nieder.

Und während ihres muntern Sangs
Ging hoch die Sonn' empor,
Und heißer ward's, und mächt'gen Drangs
Stieg Blum' an Blum' hervor;
Zum Fruchtkeim' ward die Blüth' in Hast,
Bald hingen rings an jedem Ast
Im gold'nen Sonnenlichte
Die gluthgereiften Früchte.

Wie staunten da den Wundermann,
Dem solch ein Werk gelang,
Der Kaiser und die Seinen an,
Halb froh und halb auch bang;
Sie starrten lautlos um sich her,
Der Ritter Keiner murrte mehr,
Sie hatten All' vergessen
Das Trinken und das Essen.

Zuerst erhob der Kaiser sich,
Und sprach mit mildem Laut':
„Nicht fassen kann man sicherlich,
„Was heute wir geschaut;
„Doch danken wir dem Gastherrn gut;
„Der uns erschuf die Sommergluth,
„Und freuen uns auf's Beßte,
„Bei diesem Wunderfeste!"

Und weg warf er von Brust und Arm
Das läst'ge Winterkleid,
Die Speise war noch völlig warm,
Er that ihr ernst Bescheid,
Und Alle tranken nun in Ruh'
Gesundheit ihrem Wirthe zu,
Und freuten sich des Tages
Im Jubel des Gelages.

Erst, als der Sonne Scheidestrahl
Schon trüb herniederfloß,
Erhoben sich vom reichen Mahl'
Der Kaiser und sein Troß;
Der Mönch gab wieder das Geleit,
Und draußen fanden sie verschneit
In hochgethürmten Massen
Die hartgefror'nen Straßen.

Da sprach der Kaiser: „Was wohl mag
„So selt'nem Wirth ich bieten
„Für seinen gold'nen Sommertag,
„Die Lieder und die Blüthen?
„Du schufst, im engen Klosterraum,
„Mir einen schönen wachen Traum,
„Auch ich laß' mich nicht schelten,
„Und will ihn dir vergelten."

„Ich will in dein und Klosters Huth
„Zu ewigem Gedenken
„Der Güter mein das beßte Gut
„Mit Land und Leuten schenken;
„Doch sorge wohl, daß Sonnenschein
„Das ganze Jahr lang müsse seyn,
„Und nimmer Winter werde
„Auf deiner eig'nen Erde."

„„Herr Kaiser,"" sprach der Mönch darauf,

„„Auf das will ich verzichten,

„„Die Welt hat ihren rechten Lauf

„„Bei Schnee und Blüth' und Früchten;

„„Was heut', was einmal ist gescheh'n,

„„Das wird kein Auge wieder seh'n,

„„Und nimmer ich's begehre,

„„Was dir geschah zur Ehre.""

„„Der Himmel hat der Gaben viel,

„„Der Gnad' auf mich ergossen,

„„Doch brauch' ich sie zu falschem Ziel,

„„So mag er mich verstoßen;

„„Er half mir heute beim Gelag —

„„Doch jeder Tag ist Sommertag,

„„An welchem sich in Treuen

„„Die Guten schuldlos freuen.""

II. Der Meister.

Ein wundervoll' Gebäude steht vollendet,
Ein hoher Dom in zauberischer Pracht.
So hochauf in der Wolken Reich gesendet,
Als sey er hingestellt als Himmelswacht;
So selt'ne Kunst, wohin das Aug' sich wendet,
So groß das Ganze, und so kühn gedacht!
So würdig selbst im Einzelnen und Kleinen.
Sah man noch nimmer einen Bau erscheinen.

Rings um die Mauern schwärmt das Volk in Wogen,
Und staunt hinan, und glaubt dem Auge kaum;
Dann, von gewalt'gem Triebe fortgezogen,
Betritt es ernst und still den innern Raum,
Und, wandelnd durch die ungeheuren Bogen,
Wird es ergriffen, wie von heil'gem Traum',
Und jedes Herz erschwillt im frommen Drange,
Und jede Kehle sehnt sich nach Gesange.

Indeſſen ſitzt auf einem nahen Bühle
Des Werkes Meiſter, tief in ſich gekehrt;
Er blickt nicht auf in's bunte Volksgewühle,
Hört nicht den Jubelruf, der ihn verehrt,
Er ſcheint im Kampfe drückender Gefühle
Von einem innern heißen Schmerz verzehrt,
So krank, daß er ſich kaum vermag zu heben,
Und nur ſein Aug' verräth noch warmes Leben.

Jetzt fährt er auf, und ruft mit dumpfem Bangen:
„Allmächtiger, was iſt's, das ich gethan?
Wie eitel ſtrebt mit kleinlichem Verlangen
Mein armer Bau zu deinem Thron' hinan!
Rings ragen deine Berg' in hehrem Prangen,
Und ſchauen ſtolz das Werk des Menſchen an,
Dein Himmel ſchämt ſich, blau es zu umgränzen,
Und deine Sonne will es kaum beglänzen."

„Ach, in ein Traumbild goß ich all' mein Leben,
In den Gedanken, dir ein Haus zu bau'n,
Ein würdig' Haus, in das du würdeſt ſchweben,
Der Erdenkinder frommen Sinn zu ſchau'n;
Ich Thor! was dacht' ich frevelnd zu erſtreben,
Wie durft' ich ſo vermeſſ'ner Hoffnung trau'n!
Nie wirſt du meinem Werk' ein Auge ſchenken,
Nie dich herab in ſeine Hallen ſenken."

„So geh' ich hin denn, ohne daß gelungen,
Wozu mich trieb des Herzens Leidenschaft;
Mein Leib ist krank, von Todesgift durchdrungen,
Bald sprengt die Seel' auch ihre leichte Haft;
Ich strebte treu, das Streben liegt bezwungen,
O Ew'ger, nimm den Willen für die Kraft,
Und nimm mich auf in deinem Wunderbaue,
Den du erschufst mit einem Wink der Braue!"

So ruft er aus, und sinkt in neues Trauern,
Und denkt sich tiefer stets in seine Qual,
Und immer noch wallt drunten um die Mauern
Bewundernd Volk, erneuend stets die Zahl,
Bis sich der Tag verkehrt in Abendschauern,
Der Mond hernieder blickt in's düstre Thal,
Und Millionen Stern' in zartem Flimmern
Aus dunklem Blau und leichten Wolken schimmern.

Da blickt der Meister auf, und rings ist's nächtig,
Und nieder schaut er, und sein Busen bebt.
Ist das derselbe Dom, der jetzt so mächtig,
So ungeheuer sich vom Thal' erhebt,
Ist das derselbe Thurm, der jetzt so prächtig
Mit glatten Zinnen gegen Himmel strebt,
Derselbe, den er noch vor wenig Stunden
Im Tageslicht so winzig klein gefunden?

Wohl ist's derselbe, doch ein Nebelschleier
Verdeckt ringsum der Berge weite Reih'n,
Der Vollmond aber ruht in sanftem Feuer
Am hohen Dom', ein süßer Silberschein,
Der Giebel streckt sich kühner nun und freier
In Mondesglanz und Sternenlicht hinein,
Indeß die Schatten, die sich rückwärts drängen,
Den ganzen Bau in's Riesige verlängen.

Nicht lange bleiben klar des Meisters Blicke,
Er kehrt sie ab von Mond= und Sternenschein;
„O Trugbild,“ ruft er, „das mich nicht beglücke,
Am Tage wirst du schnell vernichtet seyn!
Wenn alle Berg' ich aus der Erde rücke,
Setz' ich zum Hochgebirg' den Hügel ein,
Wem Wahres fehlt, der freut sich auch am Scheine,
Und wo nichts Großes ist, da gilt das Kleine.“

So spinnt er fort den folternden Gedanken,
Bis dem erschöpften Leib' die Kraft versagt;
Er schläft. — doch düst're Bilder malt dem Kranken
Im Traum der Gram, der ihm am Herzen nagt;
Er sieht den Dom in Zwielicht vor sich schwanken;
Von Hügeln, ja von Bäumen überragt,
Er sieht ihn nied'rer, immer nied'rer werden,
Und endlich ganz versinken in der Erden.

Schon längst ist's Tag — da schlagen Glockenklänge
Mit lautem Dreiklang an des Schläfers Ohr;
Er hebt sich matt, und sieht des Volkes Menge
Durch's Thal hin fluthen nach des Domes Thor;
Da ringt aus seines Busens düst'rer Enge
Ein tiefer Seufzer schmerzlich sich empor,
Doch treibt's ihn fort, daß er in seinem Baue
Des ersten Gottesdienstes Feier schaue.

Er wankt, ein schattenähnlich' Bild, von hinnen,
Er schleppt sich schweren Fußes bis an's Ziel;
Dort blickt er auf nicht nach des Domes Zinnen,
Gesenkten Auges geht er durch's Gewühl,
Gesenkten Aug's zum Betstuhl; Thränen rinnen
Die Wang' ihm nieder, und ein Mißgefühl
Von unerfülltem Drang', verfehltem Streben
Füllt sein beklemmtes Herz mit stärk'rem Beben.

Jetzt blickt er auf, und durch die hohen Bogen,
Die weitgespannten, strahlt der Sonne Licht,
Bis tief hinein hat sich ihr Glanz gezogen,
Bis er zuletzt in Dämmerung sich bricht;
Er leuchtet schimmernd auf des Volkes Wogen,
In jedem Aug', auf jedem Angesicht',
Verklärungschein; vom Himmel hergeflossen,
Ist durch die Hallen ringsum ausgegossen.

Da klingen Glöcklein, und im Festtalare
Tritt feierlich der Priester Zug hervor,
Des Weihrauchs Wolke steigt vom Hochaltare
In blauem Duft zum Kuppelrund empor,
Und Tön' erklingen, weiche, silberklare,
Süß schmeichelnde, herab vom hohen Chor',
Der Orgel Hauch erhebt ein holdes Säuseln,
Wie wenn die Wogen sanfte Lüfte kräuseln.

Und rasch beginnt der Klang sich auszudehnen,
Wird ein melod'scher Sturm und braus't im Lauf
Hindurch den Bau, und die Gewölbe dröhnen,
Die Säulen zittern bis empor zum Knauf,
Und Töne wachsen immer neu aus Tönen,
Die Pfeife jauchzt, die Geigen jubeln auf,
Und, wie ein Aufschrei des Entzückens, schmettern
Trompeten in der Panken dumpfes Wettern.

Und wie sich Ström' in Ström' ergießen, fallen
In des Getön's gewalt'gen Fluthendrang
Wie Untertauchen und wie Ueberwallen
Wohl tausend Menschenstimmen mit Gesang;
Da überschwellen fast die weiten Hallen
Von all' dem Wogen, all' dem reichen Klang,
Der Strahl der Sonne scheint, die Luft zu singen,
Die Bogen tönen, und die Quadern klingen.

Entflammten Auges starrt des Baues Meister,
Von inn'rer Gluth durchlobert, jetzt umher,
Des ganzen Domes Umfang rings umkreis't er,
Wie scheint er groß, er kennt ihn selbst nicht mehr!
Anf will er springen, doch die Lebensgeister,
So tief erschöpft, versagen sein Begehr,
Es sinkt sein Haupt, die Augen ihm erblinden,
Er fällt zurück und seine Sinne schwinden.

Nach außen wird ihm Alles gar zu nichte,
Nur an sein Ohr schlägt die Musik noch an,
Wie ferner Klang; dem inneren Gesichte
Erscheint, was wachend nie die Augen sah'n;
Er sieht den Dom in überird'schem Lichte,
Gesprengt die Kuppel, weithin aufgethan,
Und durch den Riß den hellen Himmel blauen,
Der gold'nen Sonne Feuerauge schauen.

Und auf den Feuerstrahlen auf und nieder
Steigt halbdurchsicht'ger Engel ros'ge Schaar,
Sie rühren Harfen zu dem Schall' der Lieder,
Und weben duftig um den Hochaltar,
Und Einer schwebt mit tönendem Gefieder
Zum Meister vor, reicht einen Kranz ihm dar,
Und flattert fort, und durch die Kuppel schwingen
Die Engel all' sich auf mit süßem Klingen.

5 *

Mit einem Mal' verstummen Säng' und Klänge,
Der Meister regt sich, wie das Tönen schweigt,
Er blickt empor, und sieht umher die Menge
Des Volkes, Jungfrau'n über ihn gebeugt,
Und rumdum weit in starrendem Gedränge:
Mann, Greis und Weib, ihm sorgsam zugeneigt,
Und wie er aufschaut, schallt's in froher Weise:
„Er lebt! er ist gerettet!" rings im Kreise.

Und jetzt erhebt er sich mit bleichen Wangen,
Und, weil er immer noch zu träumen glaubt,
Späht er umher mit gierigem Verlangen,
Und greift mit rascher Hand nach seinem Haupt';
Er stutzt, er staunt — die Schläfe sind umfangen
Vom Lorbeerzweige, grün und dicht belaubt,
Er faßt ihn an, da ruft's aus hundert Kehlen:
„Dem Meister darf der Ruhmeskranz nicht fehlen!"

Da wird's ihm licht in seines Busens Tiefen,
Er fühlt sich wieder, fühlt die eig'ne Kraft,
Und alle Triebe, die zum Werk' ihn riefen,
Sind neu belebt zu edler Leidenschaft;
Die Hoffnungträume, die ihm all' entschliefen,
Erwachen frisch —; er hat sich aufgerafft,
Er ist hervor zum Hochaltar' getreten,
Dort legt den Kranz er hin mit solchem Beten:

„Herr, große Gnade haft du mir erwiesen,
Gabst, dir zu dienen, mir der Gaben viel,
Erheben will ich nimmer mich zum Riesen,
Doch Zwerg auch schelte nie mich mein Gefühl;
Du lehrtest selbst mich kennen, sey gepriesen,
Nun schreit' ich kräftig an mein schönstes Ziel!"
Er ruft's, und geht mit rascher'm Schritt von hinnen,
Manch hohes Werk noch muthig zu ersinnen.

Juliane Ebert.

(Prag.)

L i e d e r.

I. Im Mai.

Lust'ge Chöre lieblich schallen
Weit durch sonnenhelle Räume,
In der Brust sie widerhallen,
Wecken d'rinnen süße Träume,
Und ein Leben, frisch und neu,
Kündet laut den süßen Mai.

Veilchen, die in Grases Hülle
Tief vor Frösten sich verborgen,
Weckt der Sonne Strahlenfülle
Auf zum lebensfrischen Morgen:
Jedes Knöspchen springt entzwei,
Um zu blüh'n im holden Mai.

Von der Erde auf sich schwinget
Blumenhauch zu reinen Lüften,
Und zur Erde niederbringet
Vogelsang, gemischt mit Düften,
Wohl vereinigt sind die zwei,
Um zu preisen hoch den Mai.

Wie Gesang und Duft sich einen
In des Maienhimmels Bläue,
Also werden dort die Reinen
Eines, die geliebt mit Treue.
Bleibe, Herz, d'rum sorgenfrei:
Liebe ist auch jenseits Mai.

II. Der Bach.

Bächlein, sag', wo eilst du hin?
Willst du nicht im Thal' hier weilen?
Laß die Wolken droben zieh'n,
Laß die Stürme rastlos eilen!

Aber du, o weile hier,
Wo dich Erlen kühl umgeben,
Wo auf blum'ger Ufer Zier
Hin und her Libellen schweben.

Wähle Ruh', und schaukle hier
Dich als See im stillen Grunde;
Sturm und Wolke bringen dir
Dann aus fernen Landen Kunde. — —

„Wie, ich sollte thatlos steh'n,
Nicht durchfliegen Welt und Leben?
Ach, mit Schmerzen würd' ich 'seh'n
Sturm und Wolke mir entschweben!

Sollt' ich kühn mich stürzen nicht
Ueber Felsen, dreh'n in Klüften,
Tanzen nicht im Sonnenlicht,
Wirbeln nicht durch üpp'ge Triften?

Nein, nicht hemm' ich meinen Flug,
Fess'le nicht die freien Wellen,
Nur in raschem kühnen Zug'
Meine Adern mächtig schwellen.

Fliehen muß ich, vorwärts flieh'n,
Muß das Leben rasch durcheilen,
Und die Erde weit durchzieh'n
Viele tausend, tausend Meilen!

Bin als Strom ich endlich groß,
Trag' ich Schiffe auf dem Rücken;
Hab' ich so erfüllt mein Loos,
Wird mich Meeresruh' beglücken." —

III. Wechsel.

Ich stand auf steiler Bergeshöhe,
Den Blick emporgewandt,
Und vor des Himmels lichter Nähe
Die Erde mir entschwand.

Da sah ich Wölkchen flatternd spielen,
Geküßt vom Sonnenglanz,
Sah Lüfte scherzend sie durchwühlen,
Sie wirbeln dann im Tanz.

„Wie ist doch droben Scherz und Freude
So ewig wach und neu!
Die Sonne prangt im Flammenkleide
Als Liebe frei und treu.

Ach, könnt' ich zu den Wölkchen ziehen,
Hoch in das blaue Zelt,
Mich in der Sonne Näh' durchglühen,
Vergessen Weh und Welt!"

Ich seufzte dies mit heißem Sehnen
Den schnellen Wolken nach;
Da ward ein fernes, dumpfes Dröhnen
Mit Sturm und Blitzen wach.

Die Wolken peitschte Sturm zusammen
Zu einem grausen Ball,
D'rin kreuzten wild sich grelle Flammen,
D'raus stöhnte Donners Schall.

Der Wolken glüh'nde Zorngedanken
Umzuckten rings mein Haupt,
Und Thränenströme niedersanken
Vom Himmel, liebberaubt. —

O Herz, wie willst du noch begehren
Nach ew'ger Erdenlust?
Kann sie im Himmel selbst nicht wehren,
Wie in der Menschenbrust?

IV. Kräftigung.

Brause, Sturm, mit Macht erbrause
Durch den dichten finstern Wald,
Alle Wipfel wild durchhause,
Bis es ächzend widerhallt!

Stürzen Bäume donnernd nieder,
Stürme dennoch kräftig zu!
Krank und schwach sind ihre Glieder,
Und so bringst du Müden Ruh'.

Nur, wer Stürme kann ertragen,
Wird durch sie mit Kraft gestählt,
Doch wen Schwäche macht verzagen,
Der sey früh zur Ruh' erwählt!

D'rum erbrause, Sturm, erbrause
Durch die Herzen hin mit Macht,
Wild mit Schmerzen sie durchsause,
Bis durch dich die Kraft erwacht!

Prof. M. Enk.
(Mölk.)

Sonette.

I. Verkanntes Glück.

Einst wollte mich verklärt im reinsten Licht'
　Mit weichen Armen sanft das Glück umfangen;
　Der Freude Gluth umspielte seine Wangen,
Wie Morgenröthe durch die Dämm'rung bricht.

Wie fest die Rebe um den Baum sich flicht,
　So wollt' es treu und innig an mir hangen:
　Doch mich erfüllt' ein thörichtes Verlangen
Und meines Lebens Engel kannt' ich nicht.

O neige, Göttin! dich noch einmal nieder,
Mit mildem Trost den Lechzenden zu laben,
　Und gönne ihm die schönste deiner Gaben:

Versöhnet lieb' ich dann das Leben wieder,
Und trage stillerfreut den Trost zum Grabe,
　Daß ich auch einst das Glück gekostet habe.

II. Vis mechanica.

Sie sagen, daß die Welt in Krämpfen liege,
    Und solle länger sie zusammenhalten,
       So müsse neu das Leben sich gestalten,
Daß frische Kraft Erschlaffung überwiege.

Mit welcher Kraft solch' Uebel man bekriege,
    Zog sonst der Denker Stirn in tiefe Falten;
       Sie meinten, daß sein unheilvolles Walten,
Des Geistes Kraft und Aufschwung nur besiege.

Doch besser weiß der Scharfsinn unsrer Zeiten
Der kranken Welt die Heilung zu bereiten,
       Und umzuwandeln die verderbten Säfte;

Er kann Ideen und Begeist'rung missen:
Gebraucht statt ihrer der Mechanik Kräfte,
       Und läßt das Heil aus Dampfmaschinen sprießen.

Karl Faukal.

(Wien.)

Mondlieder.

I.

Weil dein Antlitz gar so bleich,
Denkt die Welt viel Arges gleich:
Nur vom Laster zenge das —
Ist nicht auch die Lilie blaß?

Daß du so zur Nachtzeit schwärmst
Und vor Liebe ab dich härmst:
Nimmt sie übel dir zumal —
Wann doch klagt die Nachtigall?

Daß an Falsch und Unbestand
Nur dein steter Wechsel mahnt —
Glüht denn stets der Rosenstrauch?
Wechselt nicht das Leben auch?

II.

Thränensilber feinster Art
Weinst du in die Nacht hinaus,
Streust es gar so lieb und zart
Für die guten Menschen aus.

Angereift vom Mondlichtthau,
Wird so frisch das Herz und jung;
In dem hellen Silbergrau
Seliger Erinnerung.

Und doch höhnt die Welt so sehr
Uns um diese Thränenlust —
Hat wohl selbst kein Tröpfchen mehr
Für den dürren Herzaugust.

III.

Was blickst du gar so traurig
Zur Erde heut' herab?
Wird dir's zu bang' und schaurig
Im feuchten Wolkengrab'?

Ist treulos dir geworden,
Hat um die Ruh' gebracht
Mit Nachtigallenworten
Dein Liebchen dich — die Nacht?

Du glaubtest ihr wohl gerne,
Vertrautest arglos ihr,
Da kommen nun die Sterne
Und liebeln auch mit ihr.

Blickst d'rum so voll Erbarmen
Und traurig erdenwärts,
Fühlst wohl mit manchem Armen
Getäuschter Liebe Schmerz?

IV.

Ich glaub', du bist ein Dichter,
Wenn ich nicht sehr geirrt,
Gehörst zu dem Gelichter,
Das ewig fantasirt.

An deinen blassen Wangen,
Die nie der Schlummer stärkt,
An deinem stillen Bangen
Hab' ich es längst gemerkt.

Was hätt'st du sonst zu schaffen,
Zur Nachtzeit noch zu thun,
Wenn and're Leute schlafen,
Und längst in Träumen ruh'n?

V.

Gewiß! du bist kein Prahler
Und doch so voll Genie —
Ich weiß, du bist auch Maler
Und prunkst damit doch nie.

In deinem stillen Walten
Hab' ich dich oft belauscht,
Wenn süße Traumgestalten
An mir dahin gerauscht;

Wenn zauberische Bilder
Mit echtem Kunstberuf,
Dann wild und immer wilder
Dein Strahlenpinsel schuf;

Wenn eine Welt voll Geister
Ich sah im Bild vor mir:
Da fühlt' ich, du bist Meister
Im Genre des Clair-obscur.

VI.

Ich sah vor wenig Wochen
Dich in der düst'ren Stadt,
Da schien dein Aug' gebrochen
Und wie von Thränen matt.

Nnn auf den Bergen wieder
Seh' ich in's Antlitz dir,
Da blickst du freundlich nieder,
Und lächelst traulich mir.

Hast auch die Stadt verlassen,
Ward dir's zu bang' darin?
Zogst aus den engen Gassen
Fort nach den Bergen hin?

O laß uns hier verweilen,
Die Nächte sind so schön,
Du darfst so bald enteilen
Nicht diesen Bergeshöh'n!

Mußt in der Stadt nicht scheinen
So pünktlich jederzeit,
Die Leute könnten meinen,
Sey deine Schuldigkeit.

Ob früher oder später,
Ob trübe oder rein —
Was kümmern sich die Städter
Viel um den Mondenschein!

VII.

Wo bliebst du denn so lange?
Geht schon an Mitternacht,
Ich hab' an dich so bange,
Treuloser! schon gedacht!

Scheinst dich nicht d'ran zu kehren,
Wie unten mir geschieht,
Und doch sang dir zu Ehren
Ich schon so manches Lied.

Zuerst hat dir's geschmeichelt,
Hast mitgefühlt mein Leid —
Doch ach! es war erheuchelt,
Du hast es nie getheilt!

Wirst bald mich ganz verlassen,
Nimm dieses Lied noch mit —
Vom Lieben bis zum Hassen
Ist nur ein kurzer Schritt.

Wie von den Sternenlichtern
Noch keins zu dir sich fand —
So hat wohl unter Dichtern
Auch Freundschaft nie Bestand.

Ernst Freiherr von Feuchtersleben.
(Wien.)

I. Nachklang.

Zeit der Jugend, Zeit des Lebens!
Also war dein Drang vergebens?

Strahlend schien auf stillen See'n
Mir der Stern des Himmels nah;
Endlich — rief ich: — bist du da?
Rief's, und bei der Weste Weh'n
Sah ich meine Wogen zieh'n, —
Und des Sternes Bild vergeh'n:
Wie der Täuschung bunte Flimmer,
Aufgelöst in eit'le Schimmer,
Schwankt der Strahl des Aethers hin!

Fliehend greift die Zeit in meine Werke:
Rühme sich der Mensch nicht seiner Stärke,
Wähn' er Dauer seinem Antheil nicht!
Daß der Ball der Zeit sich vorwärts wälze,
Seiner Hand Gebilde mit verschmelze, —
Darf er zürnen? — Bilden war ja Pflicht.

Einmal nur in dieses Lebens Eile
Oeffnet uns das Schicksal seine Bahn;
Zu beginnen, — was nicht mit uns weile!
Einem höhern Zwecke unterthan,
Rauscht die That in's Fluthenmeer der Geister.
Sind die Quellen ihrer Ströme Meister?

O so sink' ich still in deine Hände,
Ew'ges Schicksal! — Ich begann, — du ende!
War gleich meine Hoffnung nur ein Traum,
Eitel war sie doch nicht! denn im Hoffen
Sieht der Mensch der Heimath Auen offen,
Bilder sind des Geistes schöner Raum;
Ideale sind sein Flug zum Wahren,
Denken auf des Höchsten Möglichkeit,
Sollen, was er kann, ihm offenbaren, —
Was er wirke, offenbart die Zeit.

Und so seh' ich denn in meinen Träumen
Weithin in des Werdens stillen Räumen
Meiner Seele liebe Kinder zieh'n.
Ernste Geister fassen sie, und leiten
Die erstaunten durch Unendlichkeiten. —
Hier zu folgen reicht mein Blick nicht hin.

Sage nicht: es werden And're ärnten,
Was du ausgesä't, was du gestrebt!
Werden sie's, wohl dir, du hast gelebt!
Selig sind, die das begreifen lernten.

Ruhig wird es auf den See'n,
Stiller wird der Weste Weh'n,
Aus der Tiefe' rein und milb,
Wieber, wie ich's einst geseh'n,
Lächelt meines Sternes Bild. —

Und so warst du nicht vergebens —
Zeit der Jugend, Zeit des Lebens!

II. Die Sänger.

Wir Alle, deren Glauben, Schmerz und Lieben,
Zum Lied verhaucht, die öde Welt durchhallt, —
Wir dienen, von des Schaffens Drang getrieben,
Dem Willen einer heiligen Gewalt:
Entwicklungen, die wir doch nie begreifen,
Muß unf'rer Töne leises Wirken reifen.

Denn in des Sängers schwermuthvoller Klage
Erkennt ihr eigen' Schicksal jede Brust;
Der Menschheit ungelöf'te Schmerzensfrage
Wird ihres Umfangs schauernd sich bewußt, —
Bewußtseyn aber reift die heil'gen Saaten,
Denn ihm entfließen Lebensquellen: Thaten!

III. Resultate.

Ein Jeder geh' mit sich zu Rathe,
Und gebe, was sich ihm ergeben;
Das Mädchen aus der Fremde: Leben,
Bringt Blüthen Diesen, Früchte Jenen,
Dem Weisheit, dem Genuß, dem Thränen, —
Mir bringt es nichts, als — Resultate.

———

Das Licht in deinem Busen,
Das hüte, hüte du!
In heilig ernster Ruh'
Bewahren dir's die Musen; —
Doch schlag' auch Mavors Rechte
Den Frevler, der es tilgen möchte:
Das Götterlicht in deinem Busen!

———

Statt in schrankenlose Weiten
Deinen irren Flug zu lenken,
Laß dich, Strebender! bedeuten,
Dich auf's Deine zu beschränken,
Dich in's Deine zu versenken.

Klagt ihr über Druck von Außen?
Druck von Innen klaget an!
Dankt dem, der von Selbstbeschränkung,
Thoren! euch befreien kann.

Ein System, ob's noch so klar ist,
Zeugt sich rohe, dumme Laffen;
Aber widriger, fürwahr ist
Kein Geschlecht als Göthe's Affen.

Alles dreht im Kreise
Nach der eig'nen Weise;
Wer von uns versteht's?
Nach vollbrachter Reise
Sagt mit Ernst der Weise:
Ja, im Kreise geht's!

Kehrst vom Berg' zur Stadt zurück —
Trüb wird der gebund'ne Blick;
Nur im Freien fühlt das Auge,
Nur am Großen, was es tauge.

Die Losung heißt: ‚Erkenn' und wage!
Daß Mannessinn der Selbstsucht Trug',
Der Jünglingsträume Glanz' entsage,
Und liebend wirke, ist genug.
Ein Dienst zu Nacht ist unser Leben,
Genuß ist fauler Wächter Traum;
Vor keinen Hirngespinsten beben,
So leicht es klingt, kann's Einer kaum!

———

Aufgeregt von Leidenschaft,
Selbst von Wogen hingerafft,
Willst du singend Stürme schlichten?
Was man fühlt, kann man es dichten?

———

Zwei Kräfte sind es, die mich halten,
Wenn Blatt auf Blatt vom Zweige fällt:
Natur, dein schöpferisches Walten,
Und deines, freie Geisterwelt.

„Athen und Rom! Da wären deine Brüder?
's sind alte, abgeklung'ne Lieder!
Plutarch ist eben nur ein Buch.—
Kultur trinkt Thee und kleidet sich in Tuch."

Fühlst zum Himmel dich gehoben
Und der Schwärmer gönnt dir's nicht?
Laß ihn grübeln! herrlich oben
Trägt dich klares Aetherlicht!
Fühlst dir Haupt und Busen rein,
Götter nicken gütig d'rein:
Freude muß doch göttlich seyn!

————

Es ward dein Pfund dir zugemessen;
Vermehr's wo möglich hundertmal,
Verwende treu die Interessen,
Verschließe tief das Kapital!

————

Grübelei, sie bietet schwere Kost,
Ideal gewährt den schönsten Trost.

————

Ein Berg, ein Thal, ein Leichenschmauß!
Es gleicht sich endlich Alles aus.

————

Für euch: das Unverständliche,
Für uns: das Unabwendliche,
Im Ganzen: das Unendliche.

Mühsam ist es, aus dem Tauben
Körnig' Erz herauszuklauben:
Ist dir so wie mir zu Muthe,
    Gut! so hast die Wünschelruthe.

––––––

„Was predigst du uns da Moral?
Daß man sich ewig ennuyire?"
    Hast sie parat? ich gratulire!
    Ich kaufte sie durch bitt're Qual.

––––––

Saget' das der Stolzen Einen:
Eure Zeit ist aus! Vereinen
    Muß sich nun den vielen Kleinen,
    Wer da wirken will und scheinen.

––––––

Und war's nicht immer so?
Hat nicht zu allen Stunden
Der Mann den Mann gefunden?
So schließ' dich an, und werde froh!

Fitzinger.
(Wien.)

Der König und der Maler.
Ballade.

Es liebte König Adalwin
　　Die Malerkunst vor allen
Den schönen Künsten, die dem Sinn
Von Herrschern, oft zum Hochgewinn
　　Der Jünger, wohlgefallen.

Doch Ella war das schönste Bild,
　　Das seine Burg enthalten,
Die Jungfrau mit dem Auge mild,
Von blüh'nder Jugend Reiz umspielt,
　　Gleich himmlischen Gestalten.

Der Großen viele drängten sich,
　　Des Königs Kind zu freien,
Und Tag und Tag sah feierlich
Man allesammt, weil Keiner wich,
　　Der Werbung Glanz erneuen.

Ein Jeder wußte wohl Bescheid,
Und bracht' ein Bild zur Stelle;
Den König hatt' er konterfeit,
Der macht' ihn schmal und Jener breit,
Man nähm' nicht krumm die Fehle.

Da sprach der König mit Bedacht:
„Das Wählen macht Beschwerden;
So stell' ich's in eure Macht:
Der, so das beßte Bild gebracht,
Soll heut' mein Eidam werden.“

Er geht darauf von Bild zu Bild
Und schaut die selt'nen Züge;
„Ha!“ — ruft er, „wie gemein, wie wild,
Ein Kopf hier vom Medusenschild,
Wer malt' nur solche Lüge?

„Ihr Herren führt den Pinsel all,
Doch scheint es, nicht die Augen;
D'rum mein' ich, daß in diesem Fall,
Noch weniger als zum Gemahl,
Ihr mög't zum Künstler taugen!

Doch plötzlich steht er, wie versteint:
„Dieß Bild — ist das ein Spiegel,
D'rin klar mein zweites Ich erscheint?
Ja, solch ein Maler wär' gemeint,
Ja, das ist Künstlersiegel!

„Der Schöpfer dieses Bildes hat
    Den schönen Preis errungen:
Sein ist mein Kind, weil sein, die That,
Um seine Stirne, sey das Blatt
    Des Lorbeerbaums geschlungen!" —

Da ruft: „Mein Vater, seyd gerecht!"
    Schön Ella, die erblasset,
„„Verwerft ihn nicht um sein Geschlecht, —
Denn wißt: es ist der Edelknecht,
    Der eure Schleppe fasset!"" —

Der König stutzt, er tritt zurück,
    Es staunen die Vasallen,
Schön Ella hebt den feuchten Blick,
Es gilt den Theuern, gilt ihr Glück,
    Und heiße Thränen fallen.

D'rauf wendet sich zum Diener um
    Der König ernster Miene;
Er sieht ihn zagen, sieht ihn stumm,
Und knieen, wie vor'm Heiligthum,
    Gewärtig jeder Sühne.

„Ich gab mein Wort, — da wär's wohl klug,
    Zum Ritter dich zu schlagen? —
Der Himmel wollt' es so, genug:
Da dich die Kunst zum Ritter schlug,
    Mag's auch der König wagen!"

Dr. L. Fleckles.

(Karlsbad.)

An die Muse.

Wie wollte dich mein trunk'nes Auge grüßen,
    Als ich zuerst dich sah, du Stern von oben,
Der in der Jugend Wonne-Paradiesen
    Mit wunderbarer Kraft mein Herz erhoben!

Von deinem Strahlenkranze licht umwoben,
    Sah ich mir Edens Pforte sich erschließen!
Was auch der wandelbare Mensch mag loben,
    O welche Wonnen gleichen jemals diesen?

Ja seit ich deines Strahles Kraft empfunden,
Konnt' keines Bösen Pfeil mich mehr verwunden,
Und tiefe Leiden wollten schnell gesunden;

Und dieses irdisch-ahnungvolle Leben,
Ich sehe Huldgestalten es umschweben,
Durch deine Gunst durft' ich's zu fassen streben!

Ludwig August Frankl.
(Wien.)

Lieder.

I. Warnung.

Deine lieblich bleichen Wangen,
 Leicht von Rosen überhaucht,
 Und dein Aug', in Gluth getaucht,
Haben freundlich mich gefangen.

Deines Geistes helle Funken
 Schlugen über in mein Herz,
 Und von liebesüßem Schmerz
Ist es dithyrambisch trunken.

Wenn auch, daß du liebst, verhehle
 Halb dein liebendes Gefühl;
 Treibe mit dem Ernste Spiel,
Laß' im Schwanken mir die Seele!

Süß mit dir verlebte Stunden,
 Deines Augenstrahls Magie
 Fesselten die Fantasie,
Treu bin ich, ist die gebunden.

Aus der Jugend frühen Tagen
  Kennst du wohl das Märchen gut
  Von dem Fräulein in der Fluth,
Die in Zauber liegt geschlagen.

Einmal nur in jedem Jahre
  Taucht sie auf aus tiefem Meer,
  Wehmuthvoll schaut sie umher
Durch die feuchten, gold'nen Haare.

Kommt ein Wand'rer dann gezogen,
  Der da spricht das rechte Wort,
  Flieht der Zauber plötzlich fort
Und sein Herz folgt ihr gewogen.

Wie das Mädchen in der Welle,
  Ist auch meine Fantasie:
  „Glühend lieb' ich,“ spreche nie,
Denn der Zauber flieht zur Stelle.

Frei regt sie dann ihr Gefieder,
  Wie dein Mund die Formel sprach,
  Und der Flieh'nden muß ich nach,
Und kein Gott bringt mich dir wieder!

II. Abermals?

Herz! willst du wieder denn beschiffen,
　　Ein schwanker, leichtbewegter Kahn,
　　Der Liebe weiten Ocean,
Hat Sturm dich nicht genug ergriffen?

Es liegt das Meer voll Sonnenstrahlen
　　Mit aller Farben schöner Gluth,
　　Doch plötzlich stört ein Sturm die Fluth,
Und nur zu tief kennst du die Qualen!

„Sieh dort den Baum! zehnmal gerüttelt
　　Hat ihn der Sturm in seinem Grund',
　　Die Blätter und die Blüthen bunt
Der Herbst ihm zehnmal abgeschüttelt.

Kalt steht er, sieh — und keine Lieder
　　Weh'n aus den Zweigen in das Thal —
　　Trifft aber ihn ein Frühlingsstrahl,
Dann grünt er frisch und lustig wieder!“

III. Erinnerung.

Im Schutt versunk'ner Tage
Wühlt die Erinnerung,
Sieht wieder Lust und Klage
Der Zeit, da ich noch jung.

Ich kenne sie kaum wieder,
Die Bilder alter Zeit;
Ich blicke auf sie nieder —
Doch ohne Lust und Leid.

Nur ihr Bild seh' ich schimmern,
Das hebt sich klar und mild,
So wie aus Tempeltrümmern
Ein blankes Götterbild!

IV. Begegnen.

Es zieht den hellen Strom hinüber —
   Ein holdes Mägdlein sitzt im Kahn,
Ein Wand'rer träumt ihr gegenüber,
   Ihr Antlitz glüht, sieht er sie an.

Sie wagt den Blick nicht aufzuschlagen,
   Schaut nur sein Bild an in der Fluth,
Und, etwas Traulich's ihr zu sagen,
   Fehlt ihm das Wort, fehlt ihm der Muth.

Das Ruder schlägt, die Wellen schäumen,
   Den Himmel färbt das Abendroth —
Und Friede weht aus allen Räumen,
   Und an das Ufer stößt das Boot.

Sie zieh'n getrennt jetzt durch die Fluren,
   Im Busen ew'ge Wehmuth, hin —
Zwei Seelen, die mitsammen fuhren,
   Die sich erkannt, sich ewig flieh'n!

V. Der Kuſs auf das Auge.

Wenn oft bei abendlicher Gluth
    In ſtillen Dämmerungen
Mein Haupt an deinem Buſen ruht,
    Von deinem Arm umſchlungen;

Dann weht vom Munde mancher Traum,
    Manch Wort von tiefem Leben,
Wie gold'ner Seifenblaſenſchaum
    Vom Kindermund mit Beben.

Dein blaues Auge ſchaut mich an,
    So himmeltief und trunken —
Ob Flammen zwei vom Himmelsplan,
    Selig hinein geſunken.

Wie Magier im Sonnenland,
    Die Lippen feſt zuſammen,
Anbetend auf der Berge Rand
    Genaht den Gottesflammen;

Naht dann mein Mund geſchloſſen auch
    Sich deines Auges Helle,
Daß nicht berühre ird'ſcher Hauch
    Die blaue Flammenquelle!

Rudolf Glaser,

(Prag.)

Lichtblick.

Wenn durch Himmels Lichtgefilde
Weiße Taubenschwärme zieh'n,
Muß bei'm glänzend schönen Bilde
Mich ganz eig'ne Lust durchglüh'n.

Denn vor meinem Sinne gaukeln
Blüthenflocken, die am Baum
Hold in blauer Luft sich schaukeln
Und verweh'n gleich einem Traum'.

Höh'res denk' ich noch, wenn Taube
Sich im blauen Himmel wiegt,
Wie des Menschen frommer Glaube
Ird'sche Auen überfliegt!

A. Grün.
(Wien.)

Fünf Stunden.

I.

In meiner Welt ganz kleinem Garten sprang
Ich schönen Faltern nach oft tagelang,
Und mit den Flatt'rern schwebten die Gedanken,
Die flaumig bald sich hoben und bald sanken.

Die Schmetterlinge kannten mich ganz gut,
Es floß ja auch durch mich der Rose Blut,
Auch hing an ihnen ich mit ganzem Herzen,
Sie schwärmten ja in Lenzes Knabenscherzen.

Ich sah nicht viel zum blauen Himmel auf,
Nicht viel zu Boden, mitten durch im Lauf;
Nur wenn sich's wölkte, fragt' ich, was da werde,
Nur, wenn ich fiel, ermahnte mich die Erde.

Als eines Tags ich in den Garten trat,
Da rief es: Komm, wir fahren in die Stadt!
Der Mutter Scheidekuß an meinem Munde
Empfind' ich noch, 's war meine erste Stunde.

II.

Auf that vor mir sich rasch des Wissens Saal,
Ich schaute, bunt darinnen allzumal
Entzückt, betäubt, in gold'nen Lorberkränzen
Der Weltenseele Ahnenbilder glänzen.

Aufschloß vor mir das Herz der erste Freund,
An dem ich meine Sehnsucht ausgeweint,
Der jubelte mit mir in Sternennächten
Und niemals war er Mann, mit mir zu rechten.

Aufging vor mir das schöne Vaterland,
Wo ich das Meer für jede Quelle fand,
Wo meine Wünsche all' zusammentrafen,
Die weltumsegelnden, im schönen Hafen.

Aufflog vor mir und in die Himmel drang
Ein Blick, ein Blitz, dem nach melodisch klang;
Der Donner des Entzückens wie ein „Werde!"
Du stehst allein nicht auf der weiten Erde.

Aufblickt' ich stumm, ach! in den Himmel da,
Die Sternenbilder, die ich leuchten sah,
Sie schienen mir in gotterfüllter Runde
Staubfäden nur der zweiten Lebensstunde.

III.

Ich blickte sehnsuchtvoll in's Aetherblau,
Ich blickte fragend auf den Blumenthau;
Der Ocean der Luft ständ mir nicht Rede,
Und keine Blume sprach, ich fragte jede.

Ich wollte, gleich dem himmlischen Azur,
Bestehen über allen Wolken nur;
Ich wollte nur, gehorchend meinem Sehnen,
In Thaudemanten wandeln alle Thränen.

So sah ich oft dem Seidenwurme zu,
Und sprach zur Biene: Warum schwärmest du?
So fragt' ich auch das Gletscherungeheuer;
Den meuchelmörderischen Lämmergeier.

Es strebte vorwärts jedes seine Bahn
Und sah mich seitwärts, fast mitleidig an;
Die Antwort aber blieben sie mir schuldig,
Indeß mein Blick hinblitzte ungeduldig.

Da sann ich nach und fand mir endlich Rath;
Was selbst das Thier erhebt, es ist die That;
Durch Thaten steht man ein im Lebensbunde:
Das fühlt' ich in der dritten Daseynsstunde.

IV.

Der Sehnsucht Taucherglocke senkte mich,
Und schöne, schwere Perlen fanden sich,
Durch's Herzensmesser leichthin abgeschnitten,
Wie auch der arme Fels dabei gelitten.

Mit Dädalsschwingen trieb ich mich empor
Zur Sonne hin der Wahrheit, ich, der Thor!
Die Fitt'ge, Wachs, sie schmolzen; meine Schwere
Zog mich herab zum unerforschten Meere.

Mein Eigen zu vertheid'gen, streckt' ich aus
Zehntausend Arme in den Lebensstrauß;
Sie sanken alle, keiner ohne Wunde:
Ein Ach! blieb als Erinn'rung dieser Stunde.

V.

Die Silbe Ach, gesä't an gutem Ort',
Sie wuchert in's Unendliche nun fort,
Man wird nicht leicht genügend Schnitter finden,
Die Garben all' zu sammeln und zu binden.

Es schlagen wilde Wetter auf sie los,
Sie sehnen heim sich in der Mutter Schooß,
Um auszuseufzen tief die Schmerzenskunde
Von eines Menschenherzens letzter Stunde.

Günzburg.

(Wien.)

Unendlicher Zweck und endliche Mittel.

Eingetaucht des Kieles Spitze,
Starrend auf die nackte Wand,
Ich schon manche Stunde sitze,
Stumm' der Mund, gelähmt die Hand,
Während wild die Lebenskräfte ringen,
Kühn zum Himmel sich zu schwingen.

Könnt' ich nur den Himmel stürmen,
Wie Giganten es versucht,
Jakobsleitern dorthin thürmen,
Wo Prometheus einst gesucht
Göttlich' Feuer trotzend zu erstreben,
Todte Formen zu beleben;

Könnt' ich weinen Feuerthränen,
Wär' mein Herzblut fließend' Gold;
Und mein Ringen und mein Sehnen
Kos'ten wie Zephyre hold,
Und die Gluth der feurigsten Gefühle
Legte sich in milde Kühle;

Wären meine Worte Noten,
Jeder Ton ein Sphärenklang,
Tausend Echo's meine Boten,
Weithin tragend den Gesang;
Und des Herzens quellende Ergüsse,
Wären ferne Engelsgrüße:

O, dann könnt' ich aus es sprechen,
Was den Busen mir zerreißt,
Kühn die Sklavenkette brechen,
Die mir fesselt Herz und Geist,
Tausend Zungen jubelnd mir erschwingen,
Tausend Herzen mir erringen!

Aber für so mächt'ges Streben,
Für solch' himmelhohes Ziel,
Sind mir Worte nur gegeben,
Nur ein menschlich' Saitenspiel,
Und das Meer des Fühlens, der Gedanken,
Stürmt — und dehnt sich ohne Schranken.

Nur die Feder ist mein Segel,
Das Papier mein Ruderschiff,
Form und Wort der Fahrten Regel;
Vers und Reim — der Felsenriff;
Ach, das Ziel ist eine — Seifenblase,
Und der Sturm — im Wasserglase!

Und so sitz' ich Stund' auf Stunden,
Und vergebens ringt das Wort;
Der Gedank' ist losgebunden,
Das Gefühl — es reißt mich fort,
Doch das Höchste, was ich denk' und fühle,
Stirbt im wilden Wortgewühle.

Eduard Habel.
(Wien.)

Der Triumphbogen des Titus.

Hier, wo einst Rom den Herrscher zu begrüßen,
    Der Weisheit mit der Güte eng' verband,
Den bilderreichen hohen Bogen baute,
    Der selbst der Zeit zu widersteh'n verstand;

Der Zeit, die, unerbittlich, selbst dem Felsen,
    Dem meerumgürteten, Vernichtung weht,
Und über Säulen, Tempel und Paläste
    Mit schonunglosen, eh'rnen Tritten geht:

Hier trägt mich's aus erhab'ner Vorzeit Schauern
    Auf weichem, leichtem Engelsflügelschlag,
Zur Gegenwart, in deren Mutterschooße
    Ein hoffnungvolles Kind, stets Zukunft lag.

O Titus lebt noch! Trümmer, mög't ihr's wissen,
    Die ringsumher Jahrtausende gesä't,
Im fernen Oest'reich, wo durch frohe Fluren
    In holder Eintracht Lieb' mit Treue geht.

Und dort, wo an den herrlichen Gestaden
 Die Moldau, Burg und Bogenveste zeigt,
Und sich wie Wen'ge mir ein theu'rer Vater
 In immer reger Sorgfalt zärtlich neigt.

So weihe denn dem Kaiser wie dem Vater
 Am Bogen Titus ich den schlichten Sang,
Der, ob auch prunklos, doch nicht ohne Wärme
 In meiner Seele tiefstem Grund' erklang.

Friedrich Halm.
(Wien.)

Beim Tode Franz I., Kaisers von Oesterreich.

Des Tages letzter Schimmer war verglommen,
Der Abendschein in Dämmerung verschwommen;
Das Dunkel graute, Nebelschleier sanken,
Ich aber stand von tiefem Schmerz beklommen,
Und brütete in finsteren Gedanken;
Denn Kraft und Heiterkeit war mir genommen;
Im tiefsten Kern' fühlt' ich mein Herz erkranken,
Und keiner Tröstung Balsam wollte frommen.

Und an der Kaiserburg geweihter Schwelle
Zeigt mir des Abends graue Dämmerhelle
Des Volkes Fluth im wimmelnden Gemenge,
Und vorwärts strömend mit des Bergstroms Schnelle,
Ergießt sie sich durch die verschlung'nen Gänge,
Und strömet zu aus nie erschöpfter Quelle;
Da fasset mich das wogende Gedränge,
Und reißt mich fort mit ungestümer Welle.

Und rauschend durch die ernst gewölbte Halle
Trägt es mich hin in ihrem wilden Schwalle,
Den Ungeduld und stumme Hast durchzittern.
Doch wie die Brandung an dem Felsenwalle,
Muß Kraft an Kraft und Drang an Drang zersplittern,
Und fernher schallend, gleich dem Wasserfalle,
Stimmt zu der Orgel dröhnenden Gewittern
Posaunenklang mit düster'm Trauerschalle.

Und ein Gewölb' hält dämmernd mich umfangen,
Mit Schleiergrau von Weihrauchqualm umhangen,
Erfüllt mit Grabesduft und kaltem Schauer;
In Nacht erloschen war der Wände Prangen,
Und trüber Flor verhüllt' den Schmuck der Mauer;
Da tönten Psalmen und Gebete klangen,
Verhallend dumpf in diesem Raum' der Trauer.
Doch mich ergriff ein nie gefühltes Bangen.

Und ein Gerüst war prangend aufgeschlagen,
Daneben Apfel, Kron' und Scepter lagen,
Und Wappen rings, die Krepp und Flor umgrauen;
Da war der Binderschild aus Akkon's Tagen,
Und grimme Löwen mit erhob'nen Klauen,
Ein Mann, an dem der Schlange Zähne nagen,
Ein Flügelthier, ein Lerchenflug im Blauen,
Ein Kreuz sah ich vom Dreigebirge ragen,
Und herrlich war der Doppelaar zu schauen,
Im Flug zur Sonne stolz dahingetragen.

Und eine Leiche liegt dort hingestrecket,
Tief schlummernd, bis Posaunenruf sie wecket;
Erstarrt die Hand, die Segen ausgegossen,
Der Adlerblick, der Schuld zurückgeschrecket,
Und mit Verklärung das Verdienst umflossen,
Von Todesnacht mit Schleier überdecket,
Zu ew'gem Schweigen fest den Mund geschlossen,
Deß Lippen nie ein Machtgebot beflecket.

Und dieß geweihte Haupt, dieß unschätzbare,
Ehrwürd'ge Haupt, voll silberweißer Haare,
Das schwinden sah Geschlechter und entsprießen,
Und rastlos strebte für das Gute, Wahre;
Gedankenleer ruht es auf jenem Kissen! —
Du aber, Oest'reich, knie' an seiner Bahre;
Dein Kaiser ist es, der, der Welt entrissen,
Mildlächelnd ruht vom langen Streit der Jahre.

Und ringsum jedem Aug' entsprießen Thränen,
Und rieseln strömend hin; es fließen Thränen
Vom Kindesantlitz, von des Greises Wangen,
Und selbst die nie geweint, vergießen Thränen.
Und glanzlos, matt erstirbt des Scepters Prangen,
Der Krone Perlenschmuck vor diesen Thränen.

Da überquoll jedwedes Herz von Zagen,
Und jammervoll ringt Liebe mit Entsagen,
Und schmähet Groll des Schicksals strenge Lenkung,
Der er den Zoll des Staubes abgetragen.
Und Jedem schwoll das Herz von bitt'rer Kränkung,
Und Weh'ruf scholl, und ringsum tönten Klagen.

„Für immer also ward er uns entrücket?"
So ruft's in Tönen, halb von Schmerz ersticket;
„So mußt' uns seine Segenshand erlahmen,
„Die zur Erob'rung nie das Schwert gezücket,
„Nur rings verstreut des Wohlstand's gold'nen Samen,
„Die Balsam in der Wunde Brand gedrücket,
„Und offen war für Alle, die da kamen?
„Ist er dahin, deß Anblick uns entzücket,
„Deß Lächeln uns begeistert, dessen Namen
„Sein weites Reich mit ew'ger Segnung schmücket!"

Und dort erschallt es: „Grause Macht des Todes! —
„Was deckst du seine Augen, Nacht des Todes,
„Wo dir von Opfern wimmeln Märkt und Straßen?
„Doch du verschmähst, die, mit der Tracht des Todes
„Längst angethan, das Licht des Tages hassen,
„Und die verfallen in die Acht des Todes,
„Anmit am Freudenmahl des Lebens prassen;
„Ihn senkst du nieder in den Schacht des Todes;
„Den würdigsten von Allen willst du fassen,
„Und kleidest ihn mit Fürstenpracht des Todes!"

Und fernher weint es: „Rasche Flucht der Jahre!“
Ein Schatz, gesammelt in der Zucht der Jahre,
Lag echtes Gold in seiner Brust verschlossen;
Doch du zermalmst ihn, Riesenwucht der Jahre,
Und mit ihm modert todt und ungenossen
Erfahrung, die geweihte Frucht der Jahre.

Ich aber stand, und in des Jenseits Räumen,
Die Gottes Hand bedeckt mit Wolkensäumen,
Forscht' schmerzentmannt mein Geist nach Trost und Helle,
Ob Wahrheit ahnt das Herz in seinen Träumen,
Ob, wenn entschwand des Lebens trübe Welle,
Am Grabesrand der Hoffnung Palmen keimen?

Ja, rief's in mir: Sekunden sind das Leben,
Und Ewigkeit wogt wie ein Meer daneben;
Der Tod, an seines Nebelrosses Mähnen,
Schleift uns hinüber, wo, von Glanz umgeben,
Sich unermeßlich ihre Jahre dehnen.
Mag Graus und Nacht den morschen Leib umweben,
Gerettet ist der Geist, gestillt das Sehnen,
Und Wonne krönt ausharrendes Bestreben.

Was ist denn Leben? — Eine Brut von Tagen,
Ein zugemessener Tribut von Tagen,
Ein Fieberwahn, ein Beet voll grüner Keime,
Leichtgläubig anvertraut der Huth von Tagen,
Ein nüchternes Entfalten süßer Träume,
Ein schöner Tag in einer Fluth von Tagen!

So rief's in mir, und wie von Sturmestoben
Im jähen Flug ward ich emporgehoben,
Und schwebend hin durch Nacht und Nebelgrauen,
Trug mächtig mich ein Geisterarm nach Oben,
Bis dämmernd fern und nimmer zu erschauen
Der Erde letzte Küsten mir zerstoben,
Und flimmernd hingedehnt die Sternenauen
Mit Sonnenglanz und Schimmer mich umwoben.

Als Himmelslicht nun meine Blicke tranken,
Da sah ich ihn, dem alle Schleier sanken,
Vor Gottes Strahlenthron' die Stirne neigen,
Und hingestellt vor des Gerichtes Schranken,
Wogt seine Brust, und seine Lippen schweigen;
Doch will auch zweifelnd sein Vertrauen wanken,
Er prüft sein Herz und hoffnungfreudig steigen
Zu Gott empor die sinnenden Gedanken.

„Herr," spricht er, „Vater! mit dem Blick' der Gnade
„Schau deines Sohnes vielverschlung'ne Pfade,
„Und ging ich irr, verstoß mich nicht im Grimme!
„Die Fluth war reißend, steil war das Gestade,
„Oft überschrie mir Sturm die Warnungstimme.
„Doch wenn mein Geist, durchglüht vom Strahlenbade,
„Rückblickend wägt das Gute wie das Schlimme,
„So fühl' ich froh, mein Weg war der gerade!

„Es war ein Land in meine Macht gegeben,
„Ein Segensland voll Mark und Kraft und Streben;
„Nimm es zurück, o Herr! wie ich's empfangen,
„Mit gold'nem Saatgefild' und grünen Reben,
„Mit thaubenetzten morgenrothen Wangen!
„Ich aber sah's im Schlachtendonner beben,
„Ich sah's besiegt in Feindesarmen bangen,
„Ich sah es arm, erschöpft und ohne Leben.

„Ich sah, als ich der Väter Thron bestiegen,
„Die weite Welt in Streit und Hader liegen,
„Und ringsum war der Zwietracht Brand entglommen;
„Der Menschlichkeit, des Rechtes Stimme schwiegen,
„Und jedem Frevel war der Zaum genommen;
„Ihr Feldruf war, den Mißbrauch zu bekriegen,
„Doch zu vernichten waren sie gekommen,
„Und Tyrannei sproß aus der Freiheit Siegen.

„Der Herrscher Schwedens fiel von Mörderhänden,
„Auf dem Schaffote sah ich Ludwig enden,
„Selbst schuldlos, büßend für die Schuld der Ahnen;
„Ja Habsburgs Blut sah ich als Opfer spenden
„Des Pöbelgrimmes tobenden Orkanen;
„Sein frecher Wahn will alle Welt verblenden,
„Verpestend schweift Verrath auf allen Bahnen,
„Da gürtet' ich den Stahl um meine Lenden,
„Zum Kampfe, Herr, entrollt' ich meine Fahnen,
„Und rief zu dir: Du wollest Sieg mir senden!

„Du sandtest mir ihn nicht! Da spann des Krieges

„Unheilgewebe sich. Der Bann des Krieges

„Lag finster auf dem weiten Rund der Erde,

„Und dröhnend von dem Viergespann des Krieges,

„Erbebt und wankt der tiefste Grund der Erde,

„Und selbst nach Frieden seufzt der Mann des Krieges.

„Und giftgeschwängert kreis't der Moor der Zeiten,

„Dumpf ächzend rauschet auf das Thor der Zeiten,

„Ein Riesengeist voll wirbelnder Gedanken

„Taucht aus dem Fluthenschwall' empor der Zeiten;

„Und ob des Rechtes hingestürzten Schranken

„Steigt flammend auf das Meteor der Zeiten!

„Wer zählt die Leiber, die da blutend sanken,

„Die Klagen, die erfüllt das Ohr der Zeiten,

„Die Lippen all', die Grabeswermuth tranken,

„Bis hingebeugt sein Hauch das Rohr der Zeiten,

„Und huldigend in willenlosem Schwanken

„Ihn Kaiser grüßt' der Jubelchor der Zeiten.

„Und Deutschland überströmen seine Heere,

„Und Oesterreich fühlt seines Armes Schwere,

„Ja selbst mein Wien mußt' ihn als Sieger schauen;

„Ich aber stand dem Andrang' jener Meere,

„Und trotzte jener Wetterwolken Grauen;

„Ob Deutschlands Krone auch mein Haupt entbehre,

„Mir blieb mein treues Volk und mein Vertrauen,

„Und was ich auch verlor, mir blieb die Ehre.

„Und kaum daß Friede lebt, die Frieden lieben,
„Zu neuem Kampfe sah ich fortgetrieben,
„Und tief're Nacht will unsern Himmel schwärzen,
„Ich sah mein Land von Elend aufgerieben;
„Mein Oesterreich verging' in Todesschmerzen;
„Da hab' ich meinem Volk mein Blut verschrieben,
„Da riß ich, Herr! — mein Kind vom Vaterherzen! —
„Sein war die Macht, mir ist der Sieg geblieben.

„Du aber winktest, Herr! und Stürme breiten
„Die Flügel aus, den Schwanenteppich spreiten
„Des Winters Wolken über Berg und Flächen;
„Zum Spiegel ward die Fluth; doch jene schreiten
„Tollkühnen Wahnes hin, und ihr Erfrechen
„Läßt schon daheim das Siegesfest bereiten;
„Da senkst du hinter ihnen, Herr, den Rechen;
„Du läßt der Beresina Decke brechen,
„Und seinen Ruhm im Eisgetrieb' entgleiten.

„Und wie die Fluth aus jäh durchbroch'nem Damme,
„Wie aus des Meilers Schooß der Drang der Flamme,
„So brach Vergeltung rings den Zwang der Frohne! —
„Um Rache ruft die kaum geheilte Schramme,
„Um Rache rufen hingestürzte Throne,
„Wer da geduldet wehrlos gleich dem Lamme,
„Die Rache weckt ihn mit Posaunentone;
„Selbst die er aufgesäugt gleich einer Amme,
„Mit Milch der Größe, seines Reichs Barone,
„Die gierig aufgetrunken, gleich dem Schwamme,
„Sein Lächeln sonst — sie stürzen ihn zum Lohne! —
„Ich aber, Herr, blieb rein vom Erdenschlamme;
„Von meines Enkels Haupt nahm ich die Krone,
„Und reichte sie dem alten Fürstenstamme.

„Ihn aber ſah ich, ihn, den Herrn der Erde —

„Noch klang von ſeinem Sturz der Kern der Erde —

„Ich ſah ihn träumend deine Wege ahnen,

„Auf wüſtem Meerfels einſam, fern der Erde,

„Und wohl verſtand ich, Herr, dein ernſtes Mahnen,

„Als Dämm'rung barg den Siegesſtern der Erde.

„Und Friede ward der weiten Welt verkündet,

„Zur alten Form der Erde Ball gerundet;

„Da galten wieder hingeſunk'ne Rechte,

„Und alte Freundſchaft, neu und feſt gegründet,

„Umſchlang mit heil'gem Band Europa's Mächte;

„Da ſühnet Liebe, was der Haß verſündet,

„Und Ruhe ſtärkt, was blinde Zwietracht ſchwächte,

„Und Deutſchlands Volk ſah ſich in Eins verbündet.

„Herr! Friede war mein Wandel und mein Walten,

„Mein Sinn blieb ſtätt im Wandel der Geſtalten,

„Mein Herz blieb treu und nimmer zu verkehren,

„Wie lockend auch Verſuchungſtimmen ſchallten;

„Ich ſah die Zeit in wildem Aufruhr gähren,

„Sah Reiche im Parteienkampf' ſich ſpalten,

„Sah Könige dem Thron' den Rücken kehren;

„Ich aber, Herr! ich hab' an dir gehalten,

„An deinem Wort und ſeinen Friedenslehren,

„Nach Neuem rang die Welt, ich blieb beim Alten.

„Ich schirmte die Bedrängten mit Gesetzen,

„Und fing die Schuld in selbst gespannten Netzen;

„Denn Recht war Recht, der Grundstein meiner
Throne,

„Ich ließ nicht Unwerth das Verdienst verletzen,

„Am Honig zehren nicht gefräß'ge Drohne;

„Und Bahnen öffnet' ich des Handels Schätzen,

„That Häfen auf dem Schiff' der fernen Zone;

„Ließ Thränen nicht des Fleißes Wangen netzen

„Und Segen war der Abglanz meiner Wonne;

„So schuf ich still, und ließ die Tadler schwätzen.

„Und sieh! verharrschet sind des Landes Wunden,

„Des Krieges letzte Spuren hingeschwunden;

„Und üppig keimt des Friedens Lotospflanze!

„Ich war's, ich machte Oesterreich gesunden;

„Und strahlt es hell im frischen Maienglanze,

„Ich war's, der seiner Sorgen es entbunden,

„Und prangt es stolz im frischen Blüthenkranze,

„Ich hab' um seinen Scheitel ihn gewunden.

„Mein Volk hat mich geliebt! In jenen Tagen,

„Als ich heimkehrte sieglos und geschlagen,

„Rings wogend sah ich's meine Burg umfluthen,

„Und Jubel grüßte mich statt Schmerz und Klagen.

„So lang' der Gletscher flammt in Abendgluthen,

„Wird rühmend noch der fernste Enkel sagen

„Vom Kampf' Tirols, von Hofer's Todesbluten;

„Und ob im stolzern Ruhm auch And're ragen,

„Mein Oest'reich gab den Namen mir des Guten! —

„Du weißt es, Herr, ob ihn Verdienst getragen.

„Dieß war mein Leben! — Mit dem Blick der Gnade
„Verfolge, Herr, die vielverschlung'nen Pfade,
„Und ging ich irr, verstoß mich nicht im Grimme!
„Die Fluth war reißend, steil war das Gestade;
„Oft überschrie mir Sturm die Warnungstimme,
„Doch wenn mein Geist, durchglüht vom Strahlenbade,
„Rückblickend wägt das Gute wie das Schlimme,
„So fühl' ich froh: mein Weg war der gerade!"

Er spricht's und schweigt, und Strahlenkreise schlingen
Sich um sein Haupt, und Jubellieder klingen;
Am Himmel wölbt sich hoch der Regenbogen,
Rings aus der Wolken Purpursäumen dringen
So süßer Duft, so lichte Strahlenwogen,
Daß Erd' und Himmel Glanz und Duft umfingen,
Und Aetherhauch und Sphärentöne zogen
Um seine Stirn in leisen Wellenringen.

Und so, umwogt vom Licht' der Strahlenzone,
Steht er verklärt vor Gottes Wolkenthrone,
Geläutert steht er dort, und ohne Mängel,
Gelöset von des Erdenlebens Frohne;
Und rings auf Wolken wiegen sich die Engel,
Und winken ihm mit dem verheiß'nen Lohne,
Sie schwingen jauchzend ihre Lilienstängel,
Und flechten ihm den Palmenzweig zur Krone.

„Getreuer Knecht! dir fiel das Loos des Lichtes!

„Geh' ein!" erscholl es aus dem Schooß des Lichtes,

„Geh' ein in's Vaterhaus zu ew'gen Wonnen,

„Ein Kind der Tugend, wer ein Sproß des Lichtes;

„Was immer lebend, herrschend du begonnen,

„Wohin dein helles Aug' ergoß des Lichtes

„Geweihten Strahl, ist Truges Nacht zerronnen;

„Dein Arm, bewehrt mit dem Geschoß des Lichtes,

„Zerriß das Netz, das Bosheit dir gesponnen!

„Du rangst nach Licht — Geh' ein, Genoß des Lichtes!

„Zum Bunde ründetest du die Gewalten,

„Und du verspündetest der Hölle Spalten;

„Du warst's, du kündetest der Welt den Frieden,

„Was du entzündetest, soll nie erkalten,

„Was du verbündetest, sey nie geschieden,

„Was du begründetest, soll nie veralten! -

„Und Habsburgs Pracht soll ewig mir bestehen,

„Und nicht in Nacht sein Fürstenstamm vergehen;

„Denn deine Macht vertrau' ich einem Erben,

„Der treu bewacht des alten Ruhms Trofäen,

„Der segnend lacht still fleißigem Erwerben,

„Er schau' vollbracht, was du im Keim' gesehen!

„Du aber stimme in der Sel'gen Lieder!

„Dein Oesterreich bewache liebend wieder;

„Ein lichter Engel mit geschärften Blicken,

„Und, weithin schirmend mit dem Lichtgefieder,

„Sey du sein Hort in drängenden Geschicken;

„Wahr' seiner Völker Herzen treu und bieder;

„Und wenn sie flehend in die Lüfte schicken

„Gebet und Seufzer, leg' vor mir sie nieder!"

So sprach es, und Verklärungflammen sprossen

Rings um empor und Sonnenblitze schossen

In jähen Strahlen blendend durch die Lüfte,

Und demantfunkelnd, weithin ausgegossen,

Hält nie geseh'ner Glanz der Erde Klüfte,

Des Himmels lichtes Sterngefild umschlossen! —

Doch mich umfingen graue Nebeldüfte,

Und trüb in Nacht war das Gesicht zerflossen.

Und betend sank ich hin, noch wiederhallten

Die Töne mir, die hehr vom Himmel schallten,

In Wehmuth war mein Schmerz dahingeschwunden;

Hielt auch vor mir in finst'ren Schleierfalten

Die theu're Leiche Weihrauchqualm umwunden,

Ich sah ihn oben unter Lichtgestalten,

Sah ihn verkläret in des Himmels Runden!

Da weint' ich seinem milden Herrscherwalten

Die letzten Thränen und des Grams entbunden,

Schritt ich hinaus, wo Hoffnungsterne strahlten.

Die Muse aber war zu mir getreten,
Und sprach: „Wenn je entzückend dich umwehten
„Der Ahnung Schauer, der Begeist'rung Drängen,
„Wenn jemals zu mir deine Seufzer flehten,
„So ström' nun aus in tönenden Gesängen,
„Was deine Blicke träumend dort erspähten,
„In jener Bilder strahlenden Geprängen,
„Die wirr und bunt vor deinem Geist' sich drehten.

„Du hast geschwiegen, als er herrschend lebte,
„Als noch der Krone Schmuck sein Haupt umwebte,
„Als Lieder rings von allen Lippen schollen,
„Und Lob das Lob zu überbieten strebte;
„Du wolltest nicht, was glühend dir entquollen,
„Was tönend dir vom Himmel niederschwebte,
„Entadeln, nicht als Schmeichelworte zollen,
„Was echt und wahr in deinem Herzen bebte.

„Nun aber ruht er in der Gruft der Ahnen,
„Der deinen Stamm geführt der Ehre Bahnen,
„Und ihn gewürdigt rühmlicher Geschicke!
„Nun scheu' nicht mehr die Schmähsucht der Profanen,
„Flecht' ihm den Lorbeer, mit Verklärung schmücke
„Sein würdig' Haupt, und schwing' Triumphesfahnen!" —
Die Muse sprach's, und schwand aus meinem Blicke,
Und diese Lieder weih' ich seinen Manen!

Freiherr Joseph Hammer-Purgstall.

(Wien.)

I. Persische Todtenklage.

Aufgebahret liegt die Leiche,
Hingeworfen von der Seuche,
Welche traf, wie Schicksal schnell;
Und es klaget an der Bahre
Ueber's Loos, das wandelbare,
Ein Verwandter laut und hell!
        Wehe! Weh!

Warum bist von uns geschieden!
Warum bliebst du nicht hienieden
In der Freund' und Kinder Kreis!
Hast die Hoffnungen betrogen,
Bist in's unt're Land gezogen,
Wo zurückführt kein Geleis!
        Wehe! Weh!

Thaten dir nicht deine Frauen,
Was am Auge nur zu schauen,
Kommend jedem Wunsch zuvor?
Hast du Treue nicht genossen
Von den Freunden und Genossen,
Drängend sich zu deinem Thor?
    Wehe! Weh!

Nur fünf Tage um zu leben
Sind dem Menschen hier gegeben,
Kurze, allzukurze Zeit!
Selbst die Fünf hast nicht vollendet,
Drei hat dir das Loos entwendet,
Gestern kamst und gehst schon heut'!
    Wehe! Weh!

Knab' zum Jüngling erst gereifet,
Der das Leben kaum begreifet,
In der Blüthe deiner Kraft,
Ehe auf dich floß der Regen
Von des Mann's und Greises Segen,
Hat der Tod dich hingerafft!
    Wehe! Weh!

Muß denn Staub zum Staube werden,
Ist demselben denn auf Erden
And'res Loos nicht zugetheilt,
Als das schwarze, ew'ger Trennung,
Das bei dieser Welt Verbrennung
Einst den Stern am Pol ereilt?
    Wehe! Weh!

Nur die Grabposaune summet,
Alle Chöre sind verstummet,
Alle Armen sind verwaist!
Klage weckt die Nacht in's Leben,
Könnt' ich dir das Leben geben,
Gerne gäb' ich auf den Geist!
      Wehe! Weh!

Blühten dir nicht Rosenhaine?
Strahlten dir nicht Edelsteine?
Dampfte dir nicht Aloe?
Tönten dir nicht Laut' und Flöten?
Glühten dir nicht Morgenröthen?
Wärmte dich nicht Luchs und Reh?
      Wehe! Weh!

Ueberflogst du in Gedanken
Nicht schon hier des Daseyns Schranken?
Findest du dort unser Herz?
Ob du gleich uns kannst verlassen,
Können wir uns doch nicht fassen,
Tragen nicht des Scheidens Schmerz!
      Wehe! Weh!

Aller Menschen harrt die Stunde,
Alle Reiche geh'n zu Grunde,
Alle Sonnen löscht die Nacht;
Ihn allein, den Alllebend'gen,
Kann die Zeit, der Tod nicht bänd'gen;
Nur bei Ihm ist Kraft und Macht!
      Wehe! Weh!

Als er Vieles so geklaget,
Bis im Osten es, getaget,
Richtet sich der Todte auf,
Und dadurch zu Tod erschrecket,
Liegt als Todter hingestrecket,
Er, der Klagen ließ den Lauf.
Wehe! Weh!

Dieß erzählt auf seine Weise
Saadi, beigenennt der Weise,
In der Dichtkunst Gülistan:
„An dem Sarge des Genossen,
„Heult' die Nacht er unverdrossen
„Todt er selbst, als Tag begann."
Wehe! Weh!

II. Sonett.

(An die Gattin des Herrn Professors Flügel in Meißen, als
Entgegnung einer, von einem Sonette begleiteten, erhaben
in Flor gestickten Rose und Nächtigall.)

Vom Mittelpunkte, wo des Lichtes Strahlen
Im hohlen Spiegel sammelnd sich vereinen,
Zurückgestrahlet, wie sich Rosen malen
Und in der Luft aus anb'rer Welt erscheinen,

Erschien zum Troste sprachgelehrter Onalen
Die Rose aufgehaucht von Händen, reinen,
Als duft'ges Bild der Welt, der idealen,
Aus Ostens lichtumfloss'nen Rosenhainen.

Der Sinn liegt offen, ohne viel zu klügeln:
Von Gül und von Bülbül die Wahlverwandte
Erblühte sie auf Paradieseshügeln;

Bis Unbekanntem hold die Unbekannte,
Bis der Perien eine sie mir sandte
Auf zartbeschwingten Liedes Zauberflügeln.

I. Hannusch.

(Wien.)

Siward, Herzog von Northumberland.

Ballade.

„Hier in meiner Waffenhalle,
Freunde! mag ich's wohl,
Daß der Tod mich überfalle,
Wenn ich sterben soll.

Auf dem Lager ihn empfangen
Kann und will ich nicht.
Männer sterben ohne Bangen,
Tod — ist Lehenpflicht!" —

Also sprach, mit bleichem Munde,
Der Northumberland
Ritterlich, zur Todesstunde;
Winkte mit der Hand:

„Legt mir an die gold'nen Schienen!
Herzog Siward will
Seinen letzten Sieg gewinnen;
Seht! dort winkt das Ziel.

Schlachtgerüstet will ich stehen
Meinem Gegenmann';
Männlich = kühn entgegengehen
Dem, der stets gewann.

Meinen Harnisch von der Säule! —
Meinen gold'nen Helm! —
Eisenhandschuh' und die Keule —
Für den alten Schelm! —

Nun an's Licht, du Eisenspalter,
Hellgeschliff'nes Schwert!
Stets mit dir, mein wack'rer Alter,
War ich wohl bewehrt.

Hektor auch, zu meinen Füßen,
Lecket meine Hand?!" —
Also will den Tod begrüßen
Der Northumberland.

So gewappnet steht er, flimmernd
In des Abends Gold.
An dem Himmel leuchtet schimmernd
Dort — der Mond so hold!

Seh't den Griff des Schwertes blitzen
In des Kämpfers Hand! —
Treue Freundeshände, stützen
Den Northumberland.

Und er ruft mit bleicher Lippe,
Dunklem Todesblick':
„Nun komm' an, mit deiner Hippe!" —
Und sinkt — todt zurück.

Herlofsohn.
(Leipzig.)

Die Thräne.

Zerdrück' die Thräne nicht in deinem Auge,
Du hast die Thräne ja um mich geweint,
Vergönne, daß ich diese Perle fange,
Daß sie mit meiner Lippe sich vereint.
Wie macht die Thräne dich so engelschön!
Ich möchte dich wohl ewig weinen seh'n.

Allein die Thräne ist das Kind der Schmerzen,
Sie kommt aus deiner gramerfüllten Brust!
Wie konnt' ich über deine Thräne scherzen,
Und wie sie seh'n voll grauenhafter Lust!
O nimm mein Herzblut für die Thräne hin,
Und glaub', daß ich dir ewig dankbar bin! —

Ich weiß, sie haben oftmals dich gescholten,
Und dir getrübt den engelreinen Sinn;
Doch hat ihr finst'rer Haß nur mir gegolten,
Weil ich dir werth, weil ich dir theuer bin;
Wär ich so schlimm, wie sie es oft gemeint,
Kein Engel hätte dann um mich geweint.

Franz von Hermannsthal.

(Laibach.)

Grabschriften.

I. Abel.

Hier ist das erste Grab, und einen Guten deckt es,
Das erste Opfer hier, und ach, ein Edler fiel!
Ein gottergeb'nes Herz, ein reines, unbeflecktes,
Fand blutend hier zuerst das dunkle Erdenziel.

So gab denn nun der Tod von sich die erste Kunde:
Daß er ein schwerer Fluch, sprach er bekräft'gend aus —
Zwar schuf ihn Gottes Hauch aus strengem Richtermunde,
Doch rief der Mensch ihn selbst herein in's Erdenhaus.

Doch dreimal selig er, der ihm zuerst gefallen:
Ihn traf an dem Altar' des Ewigen er an;
Auf Opferdüften, die empor zum Himmel wallen,
Stieg leicht und glanzverklärt der Reine himmelan.

Und um das erste Grab auf silberweißem Flügel
Schwebt schirmend ein Seraph, gar heil'ger Mahnung voll;
Belehret er uns doch vom ersten Todeshügel,
In wessen sel'gem Dienst der Tod uns finden soll.

II. Kain.

Ruh' aus, Unseliger! vom Irrsal deiner Plagen,
Du, der in schöner Welt der erste Hasser war,
Du, dessen blut'ger Groll den Bruder dir erschlagen,
Den dir zu süßem Bund' der Mutter Schooß gebar.

Ruh' aus, und wärme dort am Strahl' der ew'gen
Liebe
Dein haßgefror'nes Herz, aus dein dein Fluch entsprang;
Das unbefriedigt dich, in irrendem Getriebe,
Um vor dir selbst zu flieh'n, durch weite Länder' zwang.

Und darf ein fromm' Gebet für dich zum Himmel steigen
An diesem dunk'len Ort, der deine Hülle deckt,
So möge' kein Gesicht, kein Traum dir jenseits zeigen,
Welch endlos wuchernd Weh' dein Greuel uns erweckt!
Die Keule wähn' in Staub, gleich deiner Hand, zer-
fallen;
Die deine Raserei auf's Haupt des Bruders schwang; —
Wir aber kennen sie! sie drohet fort uns allen,
Und tausend Formen sind's, in welche sie zersprang!
O wisse jenseits nicht, wie Schwert und Dolch be-
schaffen,
Streitaxt und Henkerbeil, Giftbecher und Geschoß,
Und all' das Arsenal der fürchterlichen Waffen,
Das aus dem Blüthenstaub' der ersten Keul' entsproß!

Dir dröhne nicht empor das Mordgeheul der Schlachten,
Auf deren Karren man in's Reich des Ruhmes stürmt,
Die uns den gold'nen Tag mit Todesqualm umnachten,
Und deren Schnitterhand die Leichengarben thürmt.

Du trugst an deinem Weh; uns sey das unf're eigen!
Du trage nicht mit uns, wir trugen nicht mit dir!
Den Haß erfandest du. Gott möge dir's verschweigen,
Wie wir ihm huldigen, gelehr'ge Schüler wir!

III. Sesostris.

Im Morgenland' war einst ein ries'ger Stein zu schauen,
Wo seine mächt'ge Fluth der heil'ge Ganges rollt;
Auf diesem Steine stand die Inschrift eingehauen:
„Hier ist Sesostris Herr, wie es sein Schwert gewollt."

Einst ward ein hoher Stein im Kolcherland errichtet,
Wo uns'rer Nacht der Tag, die Nacht dem Hades gleicht;
D'rauf stand ein Heldenlied, in einem Vers gedichtet:
„Die Herrschaft hat durch's Schwert Sesostris hier er=
reicht."

Es ward ein dritter Stein am Weltmeer' aufgethürmet,
Wo in das kühle Bett der Gott des Tages steigt;
D'rauf schrieb der kühne Held, der eine Welt durchstürmet:
„Sesostris herrscht auch hier, wie dieser Marmor zeigt."

Wo sind die Steine nun, die stolzen Heldenmahle?
Wo ist der Steine Staub? Wo ist des Staubes Staub?
Vernichtung, trafst du sie mit schwerem Wetterstrahle?
Wozu? — ein fleiß'ger Wurm genügte schon dem Raub'.

So ist, o Heros, nichts dir von der Welt geblieben?
Doch sieh', es steht ja noch auf deinem Grab' ein Stein,
Und auf dem Steine steht die Inschrift eingeschrieben:
„Sesostris herrscht auch hier; auch dieses Land ist sein!"

IV. Sophokles.

Ein Engel Gottes ist fürwahr der Ruhm zu preisen,
Der nicht von Menschenschmerz, von Blut und Thränen lebt;
Der, eine Glorie, licht um das Haupt des Weisen,
Und um der Dichterstirn' geweihte Locken schwebt.

Ein Engel Gottes, der mit reinen Himmelslüften
Den Wunderblumenkeim der edlen Thaten tränkt,
Daß hoch er aufwächst und mit balsamreichen Düften
Nicht bloß den stillen Hain, nein, eine Welt beschenkt.

Ein Engel Gottes, der unsterblich fort im Munde
Des Weisen göttlich' Wort, des Sängers Lied bewahrt,
Und, wenn auch Beiden längst ertönt die letzte Stunde,
Es ewig rein und neu den Menschen offenbart!

Von all' den Sterblichen, die Ruhmeskläng' umschallen,
Wem, edler Sänger, war der Engel treu, wie dir?
Der Jüngling durfte schon an seiner Seite wallen,
Auf eig'ner Schwinge selbst trug er den Greis von hier.

Denn als du warst gereift für ein verklärtes Leben,
Sprach er zum letzten Mal' an deiner Schwelle ein,
Schloß sanft dein Auge zu, und trug in leichtem Schweben
Den Schlummernden empor zum ew'gen Lorberhain.

V. Maria Sanzio.

Ihr Mütter, kommt, ihr sollt an diesem Stein' euch laben!
Dieß Grab, und die es deckt, ihr hörtet nie davon;
Doch sey in einer Zeit' ihr ewg'er Ruhm gegraben:
Der Farbendichter-Fürst war der Begrab'nen Sohn.

Ihn preiset alle Welt seit dreimal hundert Jahren;
Wenn's dreimal tausend sind, wird er, wie heut' genannt.
Wer hat nicht seine Macht im Geisterreich' erfahren?
Wer Gottes Abglanz nicht in seinem Glanz' erkannt?

Der frommen Wallfahrt gleicht der Zug nach seinen
Bildern,
Und auf der Reis' ist stets zahlloser Pilger Schaar,
Und wer das Höchste will aus seinem Leben schildern,
Erzählt, daß er in Rom, im Vatikan er war.

Doch sie, die ihn gebar, die ihn genährt am Busen,
Vergessen liegt sie hier — vergessen? — Nie bedacht!
Ei, weckte doch den Geist Apollo mit den Musen,
Der so viel Herrliches in kurzer Zeit vollbracht!

Du aber, die hier schläft, hast ihn im Arm' getragen,
Gewärmt an deiner Brust, gepflegt mit deiner Hand;
Wenn das erwachte Kind die Augen aufgeschlagen,
Madonnenliebe war's, die ihm zur Seite stand.

Du hast dem Knaben oft mit heiligen Geschichten
Den Pfad in's Schlummerland am Bettlein abgekürzt;
Da wohl der rege Traum zu glänzenden Gesichten,
Was dem Entschlummernden so süß den Pfad gewürzt.

Und wandelnd auf der Flur, an deiner Hand den Knaben,
Da brachst du Blumen ab, und wandest sie zum Kranz;
Dein Liebling sollte Lust an ihrem Dufte haben
Und weiden seinen Blick an buntem Farbenglanz.

Von Gott, und auch von ihm, dem Heiland, seinem
                                        Sohne,
Sprachst du dem Knaben viel, um fromm dein Kind zu zieh'n,
Und von dem Wunderglanz und von der Strahlenkrone,
Mit der er einst verklärt auf heil'gem Fels erschien.

Und wenn du so den Geist des Blühenden genähret,
So war kein Dorn am Pfad, der deiner Sorg' entging,
Kein schädlich' Lüftchen blies, dem du nicht schnell gewehret,
Auf daß dein Blümlein nicht unzeit'ger Frost empfing.

Entsprang der Jüngling dir in's ungestüme Leben,
Der Jüngling war der Thon, in den du Geist gehaucht;
Du hattest ihm zuerst der Liebe Glück gegeben,
Und ihn in's Morgenroth der Phantasie getaucht.

So sey gepriesen denn, und ruh' in schönem Frieden,
Glückselige, dir ward ein ungemess'ner Lohn;
Dir sey in einem Wort ein ew'ger Ruhm beschieden:
Der Farbendichter-Fürst, Begrab'ne, war dein Sohn.

VI. Thaut.

Es schweige hier mein Lied! Ein Lied aus meinem Munde,
Was ist's? Ein Abendhauch, der unbemerkt verweht,
Der flücht'gen Milbe gleicht's, die in derselben Stunde,
Die sie in's Daseyn ruft, schon altert und vergeht.

Es schweige hier mein Lied; ein Vogel im Gewitter,
Der unter'm Blätterdach des Baum's verstummend haus't,
Indeß ein Donnersturm von seiner Riesencither
Den welterschütternden Gesang hernieder braus't.

Es schweige hier mein Lied, ein Quell, ein Silberfaden,
Der, lispelnd auf zum Rand', mit Blumen sich bespricht,
Indeß, vom Sturm' erregt, an seligen Gestaden
Das ungeheu're Meer die nahe Brandung bricht.

Hört ihr den Donnersturm? hört ihr des Meeres Wogen?
Ein Sturm wie Harmonie, wie gold'ner Sphärenklang;
In Iliaden kommt der Sturm herangezogen
Und um den Hügel kreis't sein hoher Grabgesang.

Ein Sturm! ein Ouragon! Es dröhnt herab vom Norden,
Vom Osten brauset es, vom Westen braus't es her;
Jedwede Luftwell' ist im Süden wach geworden,
Und rauscht harmonisch in das ungeheu're Meer.

Ein Sturm! ein Wundermeer! Horch auf, wie Hel-
benlieder,
Wie Liebejubel tönt's, und wie ein trag'scher Schmerz;
Und wie Prophetenton, wie Heilandswort nun wieder,
Und jetzt wie Vogelsang, und jetzt wie Kinderscherz.

Dort bricht die Woge sich, wie Geisterstimmen tönen,
Hier wie her Jubelruf, den ein Jahrhundert singt,
Dort schäumet sie daher, wie Eisenpanzer dröhnen,
Indeß die Nachbarfluth wie leises Küssen klingt.

Und rastlos strömt es zu in ewig regem Drange.
Weiß denn der Sturm, daß hier sein Meister eingesenkt?
Horcht auf, ihr Lebenden, dem hohen Grabgesange,
Horcht auf dem Wundersturm, der euch mit Leben tränkt!

O Sturm! O Wundermeer! O Grablied sonder Gleichen.
Nun, Welle meines Lied's, wo steuerst du nun zu?
Wie alle Bächlein doch in's Meer am Ende schleichen,
So in dem Ocean verschwinde nun auch du!

Uffo Horn.
(Prag.)

I. Mein Lied.

Sagt an, was nennt ihr Singen?
Das sanfte Liebeslied,
Das mit den Aetherschwingen
Durch eure Herzen zieht?
Das nenne ich nicht Singen;
Bei mir da muß das Lied
Aus voller Seele springen,
Von wilder Kraft durchglüht!

Ihr sprecht so oft, es wäre
Euch Tröstung in der Noth —
Die Labung, die das schwere
Geschick dem Schwachen bot;
Mir ist es eine Wehre,
Ein Banner, blutigroth —
D'rauf steht: für Recht und Ehre
Getrost in Sturm und Tod!

Ihr sprecht, des Liedes Gabe
Soll Freud' in's Leben streu'n —
Und auf dem Weg' zum Grabe
Ein Stern der Hoffnung seyn;
Mir sey des Liedes Gabe,
Kein milder Hoffnungschein —
Sie steh' auf meinem Grabe
Ein fester Leichenstein!

II. Der Manzanillo.
Romanze.

Unter Donna Clara's Fenster
In dem Schatten hoher Eichen
Hält der Mohrenritter Hamet,
Gibt ihr das bekannte Zeichen;
 Und sie weht mit ihrem Schleier
 Durch die rabenschwarze Nacht,
 Zu verkünden dem Geliebten,
 Daß sie seiner harrend wacht!
Und sie steigt mit leisen Tritten
Auf geheimer Treppe nieder,
Blickt hinauf zu den Gestirnen,
Die mit leuchtendem Gefieder,
 So wie goldbeschwingte Vögel
 Hoch, ob dieser Erdenwelt,
 Jagen durch die blauen Wolken,
 Durch das weite Himmelszelt!
An des Ritters Busen sinkend,
Strickt den Arm sie um die Lende,
Küßt die dunkeln Feueraugen,
Seine Lippen, seine Hände.

Und es kosen über ihnen
Blüthen, Blätter, bunt und grün,
Kosen mit den lauen Lüften,
Die durch Laub und Büsche zieh'n.
Doch der Freude Becher leeret
Schneller sich, als er sich füllet,
Und dem liebesiechen Zecher
Wird die Sehnsucht nicht gestillet;
Denn die Freuden alle jagen
Schnell vorbei im raschen Flug,
Und sie kehren niemals wieder,
Wenn die Zeit sie weiter trug.
So auch jetzt, denn rings erhellen
Sich des Schlosses weite Räume,
Und es bricht ein rother Schimmer
Durch die Hecken, durch die Bäume.
Rauhe Stimmen hört man rufen,
Und den weiten Hof entlang
Blitzen Fackeln, scharren Rosse,
Schallt Geschrei und Waffenklang.
Aber Hamet zieht den Säbel,
Löset schnell des Rosses Zügel,
Fasset Clara mit der Linken,
Schwingt sich wacker in den Bügel:
Nein, ihr sollt uns nicht ergreifen,
Liebe spottet eurer Macht,
Und die böse Tücke schlummert,
Wo ein treues Auge wacht!

Pfeilschnell sprengt er durch die Wiesen,

Nach dem Flusse, nach der Fähre,

Hinten blitzen Feindeswaffen,

Klingen Bogen, klirren Speere.

> Und auf Aben Hamet's Wege
>
> Zieh'n sie, wie die Meute zieht,
>
> Wenn der edle Hirsch verwundet
>
> Durch des Waldes Dickicht flieht.

An dem Flusse spornt der Ritter

Seinen Gaul mit scharfen Spitzen,

Setzet muthig in die Fluthen,

Die zum Himmel schäumend spritzen.

> 's ist erreicht das Rettungsufer,
>
> Denn von hier durch's weite Land
>
> Weht der Halbmond, wird der Name
>
> Des Propheten anerkannt!

Aber müde sinkt der Renner

Unter seinem Reiter nieder,

Strecket noch zum letzten Male

Seine schlanken, schnellen Glieder,

> Bricht zusamm' mit starren Füßen,
>
> Die dem Winde gleich an Hast;
>
> Ueber Land und Strom getragen
>
> Hat er seine Doppellast!

Aben Hamet blickt in's Weite,

Keine Hütte kann er schauen,

Nur ein einz'ger Baum erhebet

Seine Krone in die grauen

Wolken, die wie trübe Schleier
Hängen auf die Welt herab,
Ach, es ist die ganze Haide
Still und öde wie ein Grab!
Aben Hamet leitet Clara
Durch die nachtbethauten Matten,
Hüllt sie in den weiten Mantel.
In des Baumes schwarzen Schatten
Sinken Beid' ermattet nieder,
Lipp' an Lipp' im Kusse glüht,
Während sterbend aus dem Busen
Das zerstörte Leben flieht;
Denn der Baum, der sie bedachet,
Birgt ein Gift, das schnelle tödtet,
Und in bleichen Tod verwandelt,
Was des Lebens Gluth geröthet.
Unheil weht aus seinen Zweigen
Und die Flur ist leer und öd,
Weil der gift'ge Manzanillo
Tödtend in der Mitte steht. —
Und am nächsten Morgen finden
Die Verfolger Hamet's Fährte,
Von dem Hufschlag ihrer Rosse,
Bebt die grabesstille Erde.
Und sie seh'n von fern die Beiden
Schlafend noch in süßer Ruh'.
Hei! wie jagt die wilde Rotte
Rasch dem Manzanillo zu.

Aber durch die Zweige wehet
Der Vernichtung Hauch hernieder,
Und die Rosse steh'n und schnauben,
Schlagen über, stürzen nieder.

    Jeder suchet zu entweichen,
    Und dem Tode zu entflieh'n,
    Weil die Lüfte hohl und schaurig
    Durch den Manzanillo zieh'n.

C. A. Kaltenbrunner.

(Linz.)

Mondlandschaft am Traunsee.
Sonette.

I.

Still lag vor mir der Berge schöne Runde;
Im See, wo sich die Wellen leise regen,
Ertönte nur der Takt von Ruderschlägen
Des Fischerkahn's, auf silberhellem Grunde.

Der Friede war mit dieser Nacht im Bunde,
Und meiner Muse konnt' ich liebend pflegen;
Ich rief ihr zu, als sie mir kam entgegen:
„Wie hab' ich mich gesehnt nach dieser Stunde!"

„Wie!" sprach sie, „weißt du's erst seit diesem Tage,
Wie treu ich wandle hier an deiner Seite?
Wie gern ich dich an diesen See begleite?"

Ich rief: „Wohlan! Wenn du's vermagst, so sage,
Und stell' es hin in dichterischem Bilde,
Was mich durchdrang in dieser Nacht der Milde!"

II.

Die Berge deckt der mitternächt'ge Schleier,
Aufragt der Traunfels unter den Kolossen;
Der See ist friedlich zwischen hingegossen,
Und d'rinnen spielt der Sterne stilles Feuer.

Da wird es hell, und herrlicher und freier,
Und Alles ist von einem Glanz' umflossen,
Als sey das Allerheiligste erschlossen, —
Der Mond, ein Bote Gottes, naht zur Feier!

Sieh, eine Straße zieht er von Juwelen,
Die weithin über das Gewässer blitzen,
Die nur das Aug' des Herrn vermag zu zählen.

Die Welt verstummt mit ihren armen Witzen;
Denn höh're Glorie strahlt auf jenen Spitzen,
Als Glaubensleuchte tief'rer Menschenseelen.

III.

Wie nenn' ich es, was meine Brust durchdrungen,
Als so im Monde sich die Landschaft schmückte?
Der Geist der Dichtung war's, der mich durchzückte,
Der über Sorg' und Erde mich geschwungen.

Nie war sein Gruß mir inniger erklungen,
Als dort, wo mich ein sel'ges Schau'n beglückte;
Was dort sich neu mir in die Seele drückte;
Verkünden möcht' ich es mit tausend Zungen!

Was wir in jener Berge stillen Kreisen
Als unsrer Heimath Schmuck und Krone preisen,
Dort war's vereint in leuchtender Verklärung!

Der Zauber einer Mondnacht lag darüber;
Die Seele quoll vom Liederdrange über,
Und einem schönen Träume ward Gewährung.

IV.

Das Schloß am See, des Freundes Haus, war stille,
Er ruhte süß im Frieden mit den Seinen;
Ich war allein und dachte an die Meinen,
Und mich beseligte des Herzens Fülle.

Und doch vom Aug' gebannt: schien Wunsch und Wille,
Der Ruhe milder Athem weckte keinen;
Ich gab mich hin der Macht, der göttlich reinen,
Und spät erst sucht' ich meines Lagers Hülle.

Das klare Licht, der Luft geheimes Wehen,
Das Wellenspiel im schönsten unsrer Seen —
Wie stimmten sie zu süßen Fantasieen!

Ich konnte nicht zurück vom Fenster treten,
Der Allmacht Wunder trieb's mich anzubeten,
Und auf die Kniee schien es mich zu ziehen! —

Anton Kasper.

(Wien.)

An Grillparzer.

Wenn jemals mich ein Götterhauch durchdrungen,
Und mir das Herz aufging im warmen Lied';
Dir wär's, Du kühner Aar, zum Preis gesungen,
Ein Kranz, wie Blumenglied an Blumenglied,
Aus Bild und Tönen um Dein Haupt geschlungen!
Ob Himmelsgunst Dir höher'n auch beschied:
Läßt doch das Stillmeer, reich an Sternensiegeln,
In Huld ein Uferblümlein auch sich spiegeln.

Entrollst Du eine Welt an Thatgemälden
Mit Urgeström, Goldzweig und Schauerkluft;
Hoch ragen stolze Cedern, Deine Helden,
Und in Gewürzen fluthet rings die Luft:
Wer Wüsten selbst in Fruchtland kann umfelden,
Und aus Gewohntem ewig Neues ruft,
Der trägt der Gottheit Stempel wohl vor Allen,
Und heil'ge Sendung bleibt sein Erdenwallen.

Wer kann dem Gottbegabten widerstreiten? —
Forthallen, wie die Mitwelt sie entbrannt,
Im Siebenbogen seiner Laute Saiten,
Noch über manch' Jahrhundert ausgespannt.
So zieht er im Triumph zu fernen Zeiten,
Und hätt' ihn rohe Gegenwart verbannt;
Gewiß! es muß das Schwänenlied des Rechten:
Ein Seraphschwert, ihm Bahn und Ruhm erfechten.

Wo keine Welt, um glühend mitzufühlen,
Erstarrt des Sängers Drang zum Herzerguß;
So starrt, das Gold aus tiefem Grund zu wühlen,
Zur Winterszeit der sprudelnd reichste Fluß.
Die Harf', und mag sie auch ein Meister spielen,
Soll sie bezaubern, erst gestimmt seyn muß.
O daß dem Starken nie der Frohsinn fehle!
Denn Mißmuth hemmt die thatenkühnste Seele.

So ist's! Dies künden trauernde Cypressen,
Die flüsternd manches Meisters Grab umweh'n.
Undankbar ist die Welt und roh vermessen! —
Wird Weisheit einst von Mund zu Munde geh'n,
Dann sey verzieh'n, was nimmer zu vergessen,
Ein gold'nes Alter wird ja neu ersteh'n;
Ich seh's vorher! — von Oben muß es kommen.
Dem Kühnen Bahn, und Segen dann dem Frommen!

Kein Riesenbau entsteht in kurzen Tagen;
Geschlechter flieh'n und nah'n im Zeitenstrom,
Die d'ran die beßte Kraft begeistert wagen,
Doch — wird der Wissens-Bildung heller Dom
Für alle Menschheit einst vollendet ragen,
Die weite Erde sein ein großes Rom:
Dann mag Verdienst und Tugend sich verklären;
Denn diesen nur gebührt der Kranz der Ehren.

Philipp von Körber.

(Wien.)

Abendlied.

O wie schön ist's auf den Hügeln,
Wenn die Sonne untergeht!
Wenn auf leichten Zefyrflügeln
Abendluft das Thal durchweht,
Niederwallet heil'ge Stille,
Nachtviolen duftend blüh'n,
Und am Horizont in Fülle
Gold'ne Purpurwolken glüh'n!

Schön, wenn auf den rothen Gluthen,
Von des Meisters Hand belebt,
Stolz auf kühnen Wolkenfluthen
Sich des Phöbus Denkmal hebt;
Schön, wenn er den Blicken schwindet,
Sendend seinen Abschiedskuß,
Und des Hespers Fackel kündet
Abendlichen Friedensgruß.

Wenn gleich gold'nen Demantkränzen,
Zaub'risch im verklärten Schein,
Der Gebirge Häupter glänzen
In's erstaunte Thal herein,
Auf des Meeres Spiegelwellen
Plätschernd schaukelt sich das Boot,
Und die blauen Fluthen schwellen,
Schimmernd in des Abend's Roth!

Unter meinen beiden Linden,
Deren Krone sanft gewiegt,
Zwischen Busch und Laubgewinden
Ruh' ich dann so süß vergnügt,
Blicke nach des Himmels Auen,
In der Welten tiefen Schooß,
Sprech' beglückt durch mein Vertrauen:
Herr, unendlich bist du groß!

Ritter C. Gottfried von Leitner.

(Graz.)

I. Der Herr des Meeres.

Ballade.

Zu Southamton am Strande
Mit Zepter und mit Kron',
Im Purpur-Prachtgewande
Sitzt König Kurt zu Thron,
   Und laut erbrausen die Wogen.

Dem Winke seiner Brauen
Harr't stumm sein Mannenheer,
Doch seine Augen schauen
Kühn über's weite Meer;
   Und laut erbrausen die Wogen.

D'rauf wirft die Löwenmähne
Des Haupthaar's, grau und lang,
Mit Stolz zurück der Däne,
Der Englands Volk bezwang;
   Und laut erbrausen die Wogen.

„Von diesem gold'nen Stuhle

„Bis hin zum blauen Belt,

„Von Southamton bis Thule

„Ist mein die nord'sche Welt."

     Und laut erbrausen die Wogen.

„Auch du, trotz deinem Grollen,

„Uraltes Meer! — fortan

„Sollst mir Gehorsam zollen,

„Als treuer Unterthan."

     Und laut erbrausen die Wogen.

„Willfährig meine Flotten

„Soll tragen, breit und stark,

„Dein Nacken zu den Schotten,

„Und heim nach Dänemark!"

     Und laut erbrausen die Wogen.

„Zinspflichtig deine Schätze

„Den Küsten spiele zu;

„Doch wag' es nicht, und netze

„Mir, deinem Herrn, den Schuh!"

     Und laut erbrausen die Wogen.

Und wie er's ruft am Throne,

Rollt stolz die Fluth herbei,

Und schleudert ihm im Hohne

Zum Barte ihr Gespei;

     Und laut erbrausen die Wogen.

Er aber wirft vom Scheitel
Den Kronenreif in's Meer,
Ruft: „Menschenmacht ist eitel!
„Dem Herrn allein die Ehr'!"
     Und laut erbrausen die Wogen.

II. Sonette an die Entfremdete.

I.

Ach! sie ist todt, ist todt! — Die Freunde wagen
Die blasse Leiche mir nur nicht zu zeigen,
Und Feinde sind's, die schlau zu mir sich neigen,
Und flüstern, was sich niemals zu wird tragen.

Vom Haupte nur der Todesbraut wird ragen
Der Jungfernkranz aus Rosmarinenzweigen,
Und lustig wirbeln nicht zum Hochzeitreigen
Wird Flöt' und Horn, — nur vor der Bahre klagen.

O schweigt! — Ich will, was einst mit frommen Sehnen
Ich angebetet, nicht entheiligt wähnen,
Zu tief schon fühl' ich des Verlustes Peinen.

Ja! sie ist todt! — Nun will im Abendgrauen
Ich lange, lang' oft in die Sterne schauen,
Und, einsam unter Weiden sitzend, weinen.

II.

Seit ich in meiner Jugend schönsten Jahren
  Aus ganzer Seele dir mich gab zu eigen,
  Vermied ich treulich Fensterschau und Reigen,
Und all' des Herzens reizendste Gefahren.

Vor Mädchenaugen, sanften, sternen = klaren,
  Vor heißer Wangen schüchternem Verneigen,
  Vor Lippen, die ich trotz dem tiefsten Schweigen
Errathen, sucht' ich streng mich zu verwahren.

Durch keines andern Weibes Gunst befangen,
  Wollt' ewig treu ich fest an dir nur hangen,
  Und nie vom holden Wahnsinn mehr genesen;

Doch nun auch du dich grausam mir entwunden,
  Bin ich beraubt des Meinen, ist entschwunden
Mir manches Glück, noch eh' es mein gewesen!

III.

Wenn Zweifel ich und Kummer mußte nähren,
   Von dir gekränkt in leichtsinnvoller Stunde,
   Vermocht' ich ob der unverdienten Wunde
   Mich männlich nur der Thränen zu erwehren.

Dann eiltest, von den Wimpern mir die Zähren,
   Zu nippen, du mit kußbereitem Munde,
   Und hauchtest mild, nach alter Zauberkunde,
   Mit neuem Glanz die Augen mir zu klären.

Doch nun du nimmer sie durch warme Küsse
   Mir trocknen kannst, weil Alpen, weite Haiden
   Und mehr noch dein erkaltet' Herz uns scheiden;

Wohl solltest du die bittern Schmerzergüsse
   Den treuen Sängeraugen jetzt ersparen,
   Die dennoch einst — dein ganzer Himmel waren!

IV.

Noch einmal hielt ich scheidend sie umfangen,
Doch Lippe konnte Lippe kaum verspüren;
Es war, als lernten nie sich mehr berühren,
Die glühend an einander sonst gehangen.

Ein scheuer Blick, ein Zucken blasser Wangen,
Ein Abschiednick, der Fremden mag gebühren,
Dann riß, all' meinem Glück mich zu entführen,
Der Rosse Lauf mich aus des Abschied's Bangen.

Sie wankte bleich und schwindelnd an die Pforte,
Stand still, versuchte schmerz = erstickte Worte,
Und wandt' sich ab mit unverhohl'nem Weinen.

Ich ließ noch von des Bergthal's hohen Rainen
Das Thränentuch als Friedensfahne wehen,
Doch nie erfuhr ich, — ob sie nachgesehen.

Nicolaus Lenau.

Sonette.

I. Treuer Wahn.

Die Jugend folgt, ein Rosenblatt, den Winden.
Wenn, jung getrennt, sich wiederseh'n die Alten,
Sie meinen doch, in ihren ernsten Falten
Den Strahl, der süßen Jugend, noch zu finden.

Der Dauer Wahn, wer läßt ihn gerne schwinden?
Mag auch ein Herz, das uns geliebt, erkalten,
Wir suchen immer noch den Traum zu halten,
Nur stiller sey geworden sein Empfinden.

Die Jugend folgt, ein Rosenblatt, den Lüften;
Noch leichter als die Jugend flieht die Liebe,
Die nur des Blattes wonnereiches Düften.

Und dennoch an den herben Tod des schönen
Getreuen Wahn's, als ob es ihm noch bliebe,
Kann sich das Herz im Tode nicht gewöhnen.

II. Frage.

Bist du noch nie beim Morgenschein erwacht
Mit schwerem Herzen, traurig und beklommen,
Und wußtest nicht, wie du auch nachgedacht,
Woher in's Herz der Gram dir war gekommen?
Du fühltest nur: ein Traum war's in der Nacht.
Des Traumes Bilder waren dir verschwommen,
Doch hat, nachwirkend, ihre dunkle Macht
Dich, daß du weinen mußtest, übernommen.

Hat sich dein Geist der Erdennacht entschwungen,
Und werden, wie du meinst, am hellen Tage
Verloren sein des Traum's Erinnerungen?

Wer weiß, ob nicht so deine Schuld hienieden
Nachwirken wird als eine dunkle Klage,
Und dort der Seele stören ihren Frieden?

R. v. Levitschnigg.

(Wien.)

I. Untrennbar.

Einst stand ein Palmensprosse
　　Auf einem Felsenkamm',
Bei ihm als Spielgenosse
　　Ein ries'ger Cederstamm.
Froh rauschten ihre Zweige;
　　Dies Rauschen sagte klar:
Auf steilem Felsensteige
　　Steht treu ein liebend' Paar.
Die Palmenbraut, die bange,
　　Beschirmt ihr Cedernfreund,
Brauf't wild am Felsenhange
　　Der Sturm, des Waldes Feind.
Dem Schützer sendet dankbar
　　Der Schützling Duft um Duft,
Sobald für Düfte gangbar
　　Und ruhig wird die Luft.

So steh'n sie froh im Walde
　　Durch Jahre Ast in Ast,
Doch plötzlich schwankt die Halde
　　Wie müde dieser Last.
Der längst ihr Glück beneidet,
　　Der Felsen, spaltet sich,
Und breiter Abgrund scheidet,
　　Was keinem Sturme wich.
Doch fruchtlos war die Tücke;
　　So breit die Kluft auch ist,
Aus Zweigen eine Brücke
　　Wölbt rasch der Liebe List.
Der treuen Bäume jeder
　　Befolgt den alten Trieb,
Und rauschend küßt die Ceder
　　Wie sonst ihr Palmenlieb.

II. Noch immer!

Noch klingt der süßen Stimme Schall
    Mir zauberisch in's Ohr,
    So wie ein Ton, den Nachtigall
    Im Südwärtszieh'n verlor.
Noch wärmt des blauen Auges Strahl
    Mein Herz, dies trübe Ding —
    Ein südlichwarmer Sonnenstrahl,
    Der sich am Pol verging.
Auch einer Locke Seidenhaar,
    Noch immer wein' ich's naß,
    Wie Einer, der lang' Sklave war,
    Die Freiheit hald vergaß.
Ich weiß, mein Herz, warum du weinst.
    Dein banges Klopfen spricht:
    Ach Gott, ich war im Himmel einst,
    Und den verschmerzt man nicht!

III. Kama.

(Indische Mythe.)

Die Täuschung lag auf weichem Lotuskissen
    Am Gangesstrande schmachtend hingestreckt.
Der Himmel, von den Reizen hingerissen,
    Die Bajaderenschlauheit nie bedeckt,

Verhing den Mond mit einem Wolkenschleier —
    Ein Bräutigam, der keine Lampe mag —
Und löschte brünstig all sein Sonnenfeuer
    Im Schnee, der auf den Busenhügeln lag.

In eines schlanken Amrabaumes Schatten
    Trat wenig Monden später an das Licht,
Wozu sich Kuß und Schaum verkörpert hatten
    In stiller Nacht, die nie das Schweigen bricht.

Der Gott der Liebe Kama grüßte lächelnd
    Die Welt, nun bald sein knechtisch Paschalik;
Auf Amrablüthen, sanft ihm Kühle fächelnd,
    Fiel hell des jungen Gottes erster Blick.

Seit diesem Blicke schießt er auch als Pfeile
    Die weißen Knospen, rosenroth gespitzt,
Auf Rajah's, weich sich pfühlend im Seraile,
    Auf Parias, von Last und Müh' erhitzt,

Wie auf den kastenstolzen Weisheitpflanzer,
    Der heuchelnd den Pagodendienst bestellt,
Und keine Brust bedeckte noch ein Panzer,
    Den nicht sein unfehlbarer Pfeil zerspellt.

IV. Persische Liebeserklärung.

Sonnenauge, wie der Falke
 Keines hat zu feinem Raube;
Lächeln, halb entborgt dem Schalke,
 Halb gestohlen einer Taube:
Auge, gieb von Gnade Kunde,
 Wenn du liesest Schmachtghasele;
Lächeln, fliehe nicht vom Munde,
 Wenn ich auch ein Wort verfehle;
Wangen, roth, wie sich beim Kusse
 Eines Falters Lilien färben,
Dunkler werdet nicht beim Grusse,
 Kündend liebendes Bewerben:
Einen Löwen sah ich träumend,
 Fest verstrickt in gold'nen Netzen,
Doch den Schah der Thiere schäumend
 Hört' ich nicht die Zähne wetzen.
Auf den zahmen Mähnenträger
 Schwang sich eine Jungfrau sittig,
Und den zartgebauten Jäger
 Trug der Leu wie Rosse rittig.
Dir dies Traumbild deuten will ich,
 Fühl' ich auch die Zunge stocken:

Ich, der Leu, verfing mich willig
　　In dem Netze deiner Locken.
Sicher gleich den frömmsten Zeltern
　　Sanft in mein Serai dich trag' ich;
Aus der Hütte deiner Aeltern. —
　　Darf ich, sprödes Kind? so frag' ich.

V. Unmöglich.

Wer lehrte mir der Schwalbe Hast?
　　Nur du, sonst keine And're.
Doch staunst du, daß ich ohne Rast
　　Die weite Welt durchwand're.
Wie könnt' ich doch — was fällt dir ein —
　　Auszieh'n die Pilgerschuhe?
Beim Rasten heißt es ruhig sein;
　　Doch wo ist meine Ruhe?
Sie hat, als mich, — ein Sonnenspeer —
　　Dein erster Blick durchdrungen,
In deines Auges blauem Meer,
　　Versunken ausgerungen.

VI. Seelenwanderung.

Als Lotos blüht' ich einst im Morgenland,
Du warst der Mond, dem ich den Duft gesandt.
Hieß Kamalata dort in Hindostan,
Auf deinem Altar dir geweiht ich stand.
Ich zog als Falter gaukelnd meine Bahn,
Du warst die Rose, die den Flatt'rer band.
War eine Taube, fing zu suchen an,
Du warst der Oelzweig, den sie jubelnd fand.
Ich war ein Adler, schwäng mich himmelan,
Stolz sah mein Auge deinen Sonnenbrand.
Auch als Delphin im stillen Ocean
Umkreis't ich treu dich als Korallenwand.
Ich war ein Leu, betrat der Thiere Khan.
Dich als Oase in der Wüste Sand.
Jüngst fand mein Herz den Weg nach Ginnistan
Durch deinen Blick, der Liebe mir gestand.

VII. Lebensstufen.

Der Morgen graut: Den schönen Erdenring
    Begrüßt entpuppt der Menschenschmetterling;
    Der Mutter Busen ist sein Lilienhügel,
    Und „Sorgenlos" so heißen seine Flügel.
Der Tag wird heiß: Ein flammender Komet
    Das Jünglingsherz. — „Tod dem, der widersteht!
    „O daß die Welt noch nicht erschaffen wäre —
    „Zu klein ist jede and're Wirkungsphäre!"
Die Sonne trinkt bereits des Meeres Schaum:
    „Von Rosen hatt' ich einen flücht'gen Traum,
    „Doch abends deckt der Hoffnung grüne Matten
    „Gigantisch der Erfahrung düst'rer Schatten!"
's ist Nacht: Der Scheitel, einst gelockt, nun kahl —
    Irrwisch das Auge, sonst ein Wetterstrahl —
    Das alte Herz ein ausgebrannter Stern.
    Mich dünkt, es flüstert leis': Ich bräche gern!

Ludwig Löwe,
k. k. Hofschauspieler.

Schifferlied.

Was sieht man der Segel so viel doch im Meere?
Es flattern die Wimpel, es rauschet die Fluth,
Es reihen sich Schiffe und Schifflein zum Heere,
Es leuchtet das Auge der Segler in Gluth.

Nur immer die Bahn, nur die rechte, gewählet;
Vermeidet die Brandung, sie drohet Gefahr!
Horcht auf, wie sie brüllt, b'rum die Kräfte gestählet,
Der Muth nur erringet, was heilig und wahr!

Seht hin, wie zerschellt am Klippengestade,
So Mancher als Opfer der Träume verfinkt,
Er folgte dem trüg'rischen Ruf' der Najade,
Die lockend am felsigen Ufer winkt.

Die Thräne des Thoren, die Thräne des Guten,
Die, eh' sie versanken, dem Auge entfloß,
Sie schlürfte die Muschel, die sie in den Fluthen
Zum Denkmal als glänzende Perle verschloß.

Max. Löwenthal.

(Wien.)

Liechtenstein.

Auf wald'ger Höh' alleine,
Umweht von kühler Nacht,
Stand ich im Mondenscheine;
Kein Menschenauge wacht'!

Und an des Tempels Säulen
Ob dem Husarengrab'
Mit Pfeifen glitt und Heulen
Der Nachtwind auf und ab.

Zwölfmal vom Brieler Thale
Die Glocke rief herauf,
Da sprang beim letzten Male
Des Grabes Pförtlein auf.

Und die seit langen Jahren
Geruht im stillen Haus,
Sie traten, sieben Husaren,
Jetzt auf den Berg heraus.

Magyarenkleid die Glieder,
Die starken, knapp umfängt,
Von ihren Schultern nieder
Der gute Dolman hängt.

Vom Tschako in die Lüfte
Das Federbüschlein wallt,
Zurück von Fers' und Hüfte
Die Tasch', der Säbel prallt.

Und sporenklirrend schreiten
Sie nun in's Tempelhaus,
Und blicken in die Weiten
Des Landes rings hinaus.

Der Berg ist noch der alte,
Wie sonst die Quelle rauscht,
Der Mond wie sonst, der kalte,
Vom Himmel niederlauscht.

Und ohne Rührung schweifen
Der Krieger Blick' in's Land;
Kopfwiegend nur sie greifen
Den Schnurrbart mit der Hand.

Sie kirren an den Säulen
Vorüber ohne Wort,
Und nur des Nachtwind's Heulen
Wird lauter fort und fort.

Doch plötzlich nun der eine,
Den Leib vorbeugend weit,
Erfaßt die blanke, kleine
Trompet' an seiner Seit',

Und bläs't in's Thal herunter —
Es widerhallet hell
Von Fels zu Fels — gar munter
Den schmetternden Kapell.

Da horch'! ein fernes Brausen
Her von den Thoren Wiens,
Ein Rauschen und ein Sausen
Von Sturmes Fittig schien's.

Da jagt mit Blitzesschnelle
Ein greiser Reitersmann,
Umglänzt von Mondeshelle,
Auf dunklem Roß heran.

Wohl stille steht die Welle,
Und scheu zur Seite bog
Der Wald sich an der Stelle,
Wo er vorüberflog.

Mit einem Wölkchen gerne
Sich selbst der Mond umzog,
Als dort in Erdenferne
Der Mann vorüber flog.

Und über Baumes Wipfel,
Den spitz'gen Fels hinan,
Husarenberges Gipfel
Erjagt der Reitersmann.

Ab schwingt er sich vom Rosse,
Es eilt sein flücht'ger Schritt;
Erwarteter Genosse
Er in den Tempel tritt.

Und freudig ihn umringen
Die Magyaren dort,
Den Willkomm' ihm zu bringen
Und manch ein Freundeswort.

Der sonder eine Wunde
Aus achtzig Schlachten schritt,
Und erst in dieser Stunde
Vollbracht den Todesritt,

Jetzt reicht er froh die Rechte
Den treuen Männern hin,
Die schirmten im Gefechte
Mit ihren Leibern ihn.

D'rum hat er sie geschirmet
Nach jener Todesschlacht,
Und auf ihr Grab gethürmet
Der Säulenhalle Pracht.

Und nun in ihrem Kreise
Fühlt er sich frei und froh,
Der Zeit sie denken leise,
Die seit der Schlacht entfloh.

Und was sie sonst erfahren
In hoch und nied'rer Welt,
Bespricht mit den Husaren
Johann, der Fürst und Held.

Der Ost erblüht, vom Bronnen
Der Dämmerung bethaut,
Da war das Bild zerronnen,
Das ich in Nacht geschaut.

Auf wald'ger Höh' alleine
Bei Frühlingsmorgenpracht
Stand ich im Sonnenscheine.
Die Welt war froh erwacht.

Lothar.

(Prag.)

Lieder.

I. Lebewohl!

Ich bin mit Dir, Du bist mit mir
Verbunden lange Zeit,
Doch war ich nie so wenig hier,
Du nie von mir so weit!

Du strebst im wilden Jugendmuth
Entgegen künft'gem Glück,
Ich denk' an längstvergang'ne Gluth,
An Lieb' und Gram zurück! —

Leb' wohl! ich scheid' beim Meilenstein', —
Sey Frohsinn dein Geleit!
Du ziehst zur stolzen Stadt hinein,
Ich kehr' zur Einsamkeit.

II. Im Frühlinge.

Horch! der Posaune Zauber gellt
Im Sieg'sruf durch die öde Welt,
Von West zu Ost, von Süd zu Nord,
Glüht neu der Auferstehung Wort:

Wenn sich das neue Leben regt,
Hat sich das alte zur Ruh' gelegt,
Aus dem gelben Moder der Wintertag
Stößt die Primel und Hyazinth' zu Tag!

Weht der Frühlingsost über's Jahr heran,
Hab' ich auch den letzten Schritt gethan, —
Du Mutter Natur! Aus meinem Staub'
Weck' üppiger Eichen und Myrten Laub!

III. Sonntag.

Mir ist so feierlich zu Muth',
Ein Sonntag scheint erwacht;
Durch alle Pulse stille Gluth,
Und doch ist's finst're Nacht!

Wie ist mein Sonntag nicht mehr weit?
Er bricht durch die Nacht herein! —
O Herr, du findest mich bereit, —
Soll jetzt die Stunde seyn?

IV. Die Traumwunde.

Ich sah — vom Traum' umschlungen —
Mir wilde Vampyre nah'n,
Die reckten die durstigen Jungen,
Die wetzten den blutigen Zahn!

Ich rang im Traum' mit den Leichen,
Ich wehrte der gierigen Lust,
Da fühlt' ich das schreckliche Zeichen,
Den Biß des Vampyrs in der Brust! —

Wach' auf! Was für Lieben und Klingen
Ruft mich vom Lager vor?
Hellschmetternde Lerchen schwingen
Zum Frühlingsdom sich empor.

Die Sonne taucht in Gluthen
Den ganzen unendlichen Raum, —
Muß ich allein noch bluten
An meiner Wunde vom Traum'?

V. Eistropfen.

Es starrt' deine warme Thräne
An meiner Brust zu Eis, —
Da wurdest du so ruhig,
So kalt und todtenweiß. —

Ich trug dich kühlen Herzens
Zu deinem frühen Grab',
Warf eine Schaufel Erde
Auf deinen Sarg hinab!

Bin in die Welt gezogen,
Ich jagt' nach Ruhm und Glück,
Und kam in weitem Bogen,
Zu deinem Grab' zurück! —

Jetzt rinnt aus meinen Augen
Die Thräne glühend heiß, —
Sie wird am Grabeskreuze
Zu einem Tropfen Eis! —

VI. Tulpenzwiebel.

Ich fand im Frühling' die Erde nicht,
Am Rain' bin ich liegen geblieben, —
Im Sommer dorrt' mich das Sonnenlicht
Mit allen' zarten Trieben.

Im Winter weh'ten die Winde kalt,
Da war es zu spät zum Keimen;
Nun muß ich in eis'gen Winters Gewalt
Vom vergangenen Frühling' träumen.

———

VII. Die Grenzmauern.

Willst du nur die Mauern sehen,
Die du rings um dich gestellt?
Aus den Tiefen, von den Höhen
Winkt dir eine reich're Welt!

Stürze dich zum Abgrund' nieder,
Flücht' empor zum Wolkenhaus, —
Alle Thaten, alle Lieder
Geh'n von einem Mittel aus!

VIII. Liebezauber.

Ich hab' in blanken Metallen
Mein größeres Bild geschaut,
Da hat vor den Fehlern allen
Vor dem rauhen Zug' mir gegraut!

Ich hab' in deiner Pupille
Mein kleineres Bild geseh'n,
Da war ich so sanft und stille —
Mich dünkte —, ich sey gar schön!

Habe meine schüchternen Lieder
Von Manchem singen gehört, —
Da fuhr ich im Zorne nieder,
Und habe sie alle zerstört.

Und aus den zerrissenen Stücken
Sangst du das kleinste hier, —
Da glüht' ich auf in Entzücken,
Und fühlte den Gott in mir!

IX. Dichterbanqueroute.

Ich zahl' dich mit baarem Golde,
Ich münzte mein ganzes Gemüth, —
Du giebst mir Versprechen zum Solde,
Hast aber bei mir Credit!

Doch lösest zur rechten Stunde
Du den fälligen Wechsel nicht ein,
Dann geht der Kaufmann zu Grunde,
Wird nimmer zu finden seyn!

X., Der Zukunftspiegel.

„Nimm du des Spiegels Vorhang ab,
Er zeigt die Zukunft dir;
Ich hoff', verbunden bis an's Grab,
Zieh'st freudig du mit mir!" —

Laß zu! den Blick kann ich nicht thun,
Mein Aug' ist gar zu trüb, —
Laß mich an deinem Herzen ruh'n,
Weiß ja, du hast mich lieb! —

T. F. Lumau.

(Prag.)

Lieder der ...

I. Wintermorgen.

Draußen, liegt der junge Winter
    Auf den Bergen, — morgenfrisch;
Angereift — in Silberschimmer
    Glänzt das Feld, glänzt das Gebüsch.

Und die Ferne scheint, so nahe
    In den Lüften, klar und licht;
Horizont ist scharf geschnitten,
    Wie ein griechisch' Angesicht.

D'rüber steht das Himmelsauge,
    Blitzend als ein Goldkristall,
Und es wirft die hellen Strahlen
    Weithin durch das Landschaftsall.

Und ich fühl' die eig'ne Seele
    Heut' wie Winterluft so rein,
Klar den Geist, — als schien' die Sonne
    Tief mir in die Brust hinein!

II. Todte Liebe.

Als glühend mein Herz von Liebe schwoll,
   Da hatt' ich's im Liede verschwiegen;
Jetzt sind meine Lieder von Liebe voll,
   Im Herzen ist keine geblieben.

Denn als meine Liebe zu sterben kam
   Nach langen, schmerzvollen Tagen,
Da hab' ich sie treulich mit meinem Gram'
   In blumigen Liedern begraben.

Manfred.

(Wien.)

I. Die alte Frau.

Wie sich um ein alt' Gemäuer
Wunderbare Sagen spinnen,
Bald daß es nicht ganz geheuer,
Bald daß gute Elfen drinnen:

Also liegt auf alten Frauen
Oftmals etwas Tiefgeheimes,
Wunderbarlich anzuschauen,
Spuren eines Zauberkeimes;

Spuren einer Vorgeschichte,
Die, zum Märchen jetzt verwandelt,
Noch mit halberlosch'nem Lichte
Ueber Wang' und Lippen wandelt.

Ach, was mochten diese Blicke,
Dacht' ich heimlich oft, in Herzen
Wecken nicht an süßem Glücke
Und erregen nicht an Schmerzen!

Welche Glüth, nicht zu verhehlen,
Mochte diesem Mund' entströmen,
Stark, die Thatkraft and'rer Seelen
Anzufachen und zu lähmen!

Welche reichverzweigte Ranken
Des Gefühles zogen, leise,
Unaussprechliche Gedanken,
Oft durch dieses Herzens Kreise!

Bis sie, halb mit eig'nem Willen,
Halb gefangen, sich ergeben,
Die Bestimmung zu erfüllen,
Die gewürfelt ihr das Leben.

Nun sie alt ist, zieht ein Mahnen
Oefters über ihre Miene,
Wie die Geister großer Ahnen
Ueber eine dunkle Bühne.

Wie die ungewissen Schatten
Jener Macht, die einst sie übte,
Als sie noch in Frühlingsmatten
Stand, befahl, bezwang und liebte.

Dieser trüb und Jener heiter,
Zieh'n vorüber sie in Schaaren:
Eine ganze Jakobsleiter
Von verlebten lieben Jahren.

D'rum ist trüb und froh ihr Wesen
Auch, worüber ich nicht staune;
Statt das Räthsel aufzulösen,
Nennt die Welt es vorschnell Laune.

II. Der Vater.

Unter allen, die ich denke,
Menschen, die ich liebte sehr,
Daß ich jetzt das Auge senke
Thränenvoll und kummerschwer;

Unter Allen, die verloren
Hat mein Herz im Zeitendrang,
Die den Gram heraufbeschworen,
Der das duldende bezwang:

Unter Allen steht mir Einer
Ewig unvergeßlich da,
Ein unendlich Guter, Reiner,
Meiner Seele ewig nah':

Vater, Fürwort du der Engel,
Jenem Idiom entlehnt,
Das dort über'm Land der Mängel
Liebend und anbetend tönt;

Vater, dem aus meiner Töne
Erstem Lallen Liebe scholl,
Vater, dem die letzte Thräne
Einst in Liebe fließen soll! —

Ja, das waren schöne Tage,
Als im gold'nen Jugendglanz',
Voll an Lust und arm an Klage,
Du der Freude Blüthenkranz

Auf das Haupt mir freundlich drücktest
Und mit mildem Augenpaar
Tief mir in die Seele blicktest,
Daß mir ward so wunderbar.

Aller meiner Freudenkreise
War dein Bild der Mittelpunkt,
Ueber dem's gar schön und leise
Wie ein frommer Zauber funkt. —

Nicht dem Jüngling schien so freundlich
Mehr der Vaterliebe Stern,
Denn der Zufall schickte feindlich
Mich von dir — ich war dir fern!

Und berauscht von dem Gewirre,
Da ich in der Fremde saß,
Ging mein Herz so in der Irre,
Daß es deiner oft vergaß.

Doch mit einem Zauberschlage
Schwand der weltverwirrte Hang,
Wenn gleich einem Feiertage
Dein Andenken mich durchdrang.

Jahre floh'n, und leisen Trittes
Kam das Wiedersehen an:
Stunden floh'n und raschen Schrittes
Eilt' ich in mein Kanaan.!

Heil'ge Liebeswehmuth, welche
Damals meine Brust empfand,
Als zwei hohle Augenkelche
Ich statt frischer Augen fand!

Als die hag're Hand ich küßte,
Die ich einst gedrückt so rund,
Als ich überall vermißte
Jenen Lebenstrost: Gesund!

Und ich sank in's Knie vor Jammer,
Bis die schwache, hag're Hand,
Eine milde Liebesklammer,
Segnend ich ob mir empfand. —

Doch das Schicksal unermüdlich
Trieb mich wieder fort und fort,
Bis es endlich still und friedlich
Rückgeführt mich an den Ort.

Und zu einem Hügel führten
Sie am weiten Friedhof mich,
Wo die Wehmuth still durch Myrthen
Und durch Trauerblumen schlich.

Keiner traute sich zu bleiben,
Nur der Sohn blieb dort allein, —
Hier ist nichts mehr zu beschreiben,
Was ich that, ist ganz nur mein.

Wer am Grab' des Vaters kniete,
Dessen Auge er nicht schloß,
Fühlt am beßten; es verbiete
Schilderung ein Schmerz, so groß!

Als ich fortging stumm und trübe,
Schien's im blassen Mondenschein
Auf dem Grabe, als erhübe
Segnend sich's vom Leichenstein.

III. Conversationsstoff.

Sie war erst Magd,
Dann ward sie Frau,
Die Welt nimmt das
Manchmal genau.

Er war erst Herr,
Dann ward er Knecht;
Da sprach die Welt:
Geschieht ihm recht.

Sie war erst hübsch,
Bald keine Spur;
Es schwieg die Welt,
Man lachte nur.

Er war erst reich,
Bald war er arm;
Da sprach die Welt:
Daß Gott erbarm'!

Jetzt bettelt sie,
Es bettelt er;
Die Welt weiß nichts
Von ihnen mehr.

Das Elend schloß
Der beiden Lauf:
Die Welt sucht sich
Was Neues auf.

IV. Vom Dichten.

Glaubt, ihr lieben guten Herren,
Die der Dichtkunst gar so grollen,
Daß troz eurem Thun und Sperren
Ewig fort die Sterne rollen;
Daß mit jedem Frühlingsschimmer
Blumen steigen aus den Schollen;
Daß die lieben Böglein immer
Ihre Melodie'n uns zollen.
Ach, so reich an schönen Sachen
Ist die Welt, an wundervollen,
Daß sie dich zum Dichter machen,
Wie sie bir in's Herz erschollen.
Doch dies Herz, das all' sein Leben
Hat in Liedern hingequollen,
Wahre sich vor bösem Streben,
Vor der Welt verwirrtem Tollen,
Hüte sich vor der Gemeinheit,
Die im Stillen, giftgeschwollen,
Um den Heil'genschein der Reinheit
Gern betrügen will Apollen.
Glaubt, es ist ein streng' Gewissen,
Das Poeten haben sollen, —
Und auch Etwas wissen müssen,
Die mit Würde dichten wollen.

Mayrhofer.

Die Kerze.

Such' Weisheit auf der Gasse nicht,
Dir blühet sie im stillen Zimmer.
Wie lehrreich ist der Kerze Licht,
Und wie befriedigend ihr Schimmer!

Des Feuers urgewalt'ge Kraft
Bewegt sich hier in enger Schranke,
Und blinkt ein Stern in trüber Nacht,
Und wirkt, — ein göttlicher Gedanke.

Vom Triebe der Zerstörung frei,
Gießt sie ihr Licht nach allen Seiten,
Und deutet an, was Größe sey,
Die wirken soll im Drang' der Zeiten.

Nicht jene Größe, die mit Blut
Der Brüder uns're Erde dünget, —
Nein, jene, die voll Glaubensmuth
Entsagend, opfernd, sie verjünget.

14 *

Die, was der trübe Tag erzeugt,
Durch ihren Zauberspiegel mildert,
Und vor dem Ewigen sich beugt,
Wie auch die Gegenwart verwildert.

Die liebevoll das Nächste hellt,
Weil sie die Zeit, den Raum beachtet,
Wohin die Gottheit sie gestellt,
Der zu gehorchen sie nur trachtet.

Jos. A. Moshammer.
(Wien.)

I. Das gefeyte Schwert.
Ballade.

„Was Tochter mein! sieh'st du so bleich?
 Was athmest du so tief und schwer?
 Wer dich gekränkt — Knecht oder Herr,
Den treffe rasch mein Todesstreich!

„„Ich war's, Herr Ritter! euer Knecht,""
 (Der kecke Sohn des Burgwart spricht)
 „„Doch wißt, auch ihr Herz blutend bricht,
Wenn ihr euch blutig an mir rächt,"" —

„Du liebst sie? Knecht! — du liebst ihn? Kind!
 Verräth'risch' Blut! das mein nicht werth;
 Bring' mir zur Strafe selbst das Schwert,
Bin taub für Bitten, für Thränen blind."

Sie fleht und wimmert — all umsonst,
 Muß endlich thun, was er begehrt;
 Sie geht — sie feyt und bringt das Schwert
„„Weh'! wenn du nicht drei Leben schonst!"" —

„Drei Leben — Kind! faß' ich dich recht?"

„„Herr! — sie ist ehlich mir getraut —""

„Gab ich sie selber dir zur Braut?

Stirb nun dafür, verweg'ner Knecht! —"

„„Halt ein, o Vater! — denn gefeyt —

Du siehst mein Blutmahl — ist das Schwert,

Wenn es nach seinem Leben fährt,

Wird lahm dein Arm für Krieg und Streit.""

„Nur lahm mein Arm —? den setz' ich d'ran,

Und räche mich!" „„Nein, Vater, nein,

Ich setze meine Seele ein, —

Wenn ich ihn so nur retten kann!""

„Fahrt hin zur Hölle, beide hin!"

„„Und Vater! meine Leibesfrucht ——?""

„Auch diese sey dahin verflucht,

So wahr ich euer Henker bin!"

Er zückt das Schwert zum Rachemord,

Doch bricht's am blut'gen Feyenmahl,

Und rückwärts prallt vom Knecht der Stahl,

Wo er die Brust des Herrn durchbohrt.

Sie schaudern — sinken Herz an Herz,

Und athmen tief und athmen schwer.

„Euch blühe keine Freude mehr, —

Euch tödte langsam Reu' und Schmerz!"

Er spricht's und stirbt. — Das Feyenmahl
   Frißt in ihr Herz' als Rost sich ein,
   Sie können nimmer glücklich seyn,
Und zehren ab in Schuld und Qual! —

II. Antithese.

Bunte Farben sah ich glänzen, in des Morgens Rosenlicht,
Doch es war nur eine Tulpe — und die Tulpe rührt mich nicht.

Lieblich tönt es aus der Ferne, aber trat ich in den Hain,
Floh'n die Sänger und verstummten — nur der Kuckuck
spottet mein.

Blaue Berge, gold'ne Zinnen winkten mir zum Lichtazur,
Doch als ich hinan geklettert — fand ich kahle Felsen nur.

Güld'ne Früchte sah ich prangen und ich klimmte hoch empor,
Doch aus jeder schönsten kroch auch stets der größte Wurm
hervor.

Wie die Tulp' aus grauer Ferne lockte mich das Leben an,
Aber anders sah als Knabe, anders seh' ich jetzt als Mann.

Lieblich klang der Freundschaft Stimme wie im Hain
der Sänger Chor;
Als die Noth mich weinen machte, klang es höhnend mir
in's Ohr.

Viel verhieß mir Kunst und Wissen und ich stieg zu Pin-
dus Höh'n;
Doch da ward es immer kahler und der Aether nur war schön.

Lockend war die Frucht der Liebe für das Aug', ein Götterkuß;
Doch erstarb die Himmelswonne mit dem irdischen Genuß! —

Ludwig Gottfried Neumann.
(Wien.)

Lieder.

I. Des Sängers Jahreszeiten.

Sey auch ein Frühling mild und labend,
Der Sänger schafft in seiner Brust
Sich traulich einen Winterabend
Voll von gesell'ger, heit'rer Lust.

Und singen in des Hain's Gestrippe
Im Sommer Vögel ohne Zahl,
So sind die Bäum' ihm schon Gerippe,
Die Wiesen sieht er herbstlich fahl.

Und kommt darauf mit kühlen Winden
Der Herbst, der Sensenmann, herbei,
Der Sänger wird noch Blumen finden
Und meint, es brachte sie der Mai.

Und sitzt er, Träumen hingegeben,
Des Winters in dem Kämmerlein,
So malt er sich ein frisches Leben,
Noch muß für ihn es Frühling seyn.

Er schafft sich selber Blumenkränze
Nach seiner Laune, seiner Lust,
Im Winter sieht er Frühlingstänze,
Lenz ist es meist in seiner Brust.

Mög't d'rum den Sänger nimmer schelten,
Daß euer Seyn ihm unbekannt;
Denn seine Seele geht so selten
Mit eurem Leben Hand in Hand.

II. Vor dem Fenster der Geliebten.

Voll von Wünschen und Gedanken,
Steh' ich nun vor deinem Haus;
Doch dein Fenstervorhang schließet
All mein Schauen neidisch aus.

Und es läßt der strenge Mauthner
Keinen meiner Blicke ein;
Meine Neugier, meine Liebe
Müssen Contreband ihm seyn.

Keine Ritze kann ich sehen,
Meiner Sehnsucht spricht er Hohn;
Unerbittlich, unbestechlich,
Streng' bewacht er den Cordon.

Doch verbirgt er nicht den Schatten
Von der theueren Gestalt,
Wie sie zwischen Licht und Wächter
D'rinnen auf und nieder wallt.

Und bald wird der Schatten größer,
Wird dann größer immerdar,
Wird bisweilen immer kleiner
Und verschwindet endlich gar.

Schattenbildniß der Geliebten
Auf des Vorhangs grünem Schild,
Dich betracht' ich gar so gerne,
Bist ja meiner Hoffnung Bild!

III. Im Winter.

Ich wand're durch das Schneegefild'
Dahin mit flinkem Schritt;
Es zieht des Winters bleiches Bild
Auf allen Wegen mit.
Ich eile vorwärts ohne Rast,
Es treibt mich fort, ich muß.
Es decken mir, umhüllen fast
Die Flocken meinen Fuß.

Wie anders werd' ich mich ergeh'n,
Wie froh auf diesem Pfad',
Wenn einst des Frühlings laues Weh'n
Der Gegend wieder naht?
Dann hebt der blasse Grabesstein
Sich auf der Flur empor,
Und neu entstand'ne Blümelein
Geh'n aus der Gruft hervor.

Wenn sich ein Haupt im Alter beugt
Vor seines Winters Hauch;
Auf einem solchen Haupte zeigt
Der weiße Schnee sich auch.
Des Lebens ganze Herrlichkeit
Hüllt solch ein Schleier ein;
Es wird doch unter diesem Kleid'
Wohl auch ein Frühling seyn?

IV. Frühlingslust.

Sey willkommen, Frühlingswehen,
Sey gegrüßt, du laue Luft,
Seyd willkommen, grüne Höhen,
Vogelsang und Blumenduft!

Schau' ich sinnend an dem Bache
Freudig in die Welt hinaus,
Mein' ich unter'm blauen Dache
Mich in einem Feenhaus.

Gehen möcht' ich gern und weilen,
Wandeln überall zugleich,
Gern nach jedem Orte eilen
In des Lenzes weitem Reich.

Alle Lüfte möcht' ich trinken,
Frisch und labend, lau und lind,
An des Frühlings Busen sinken,
Jubelnd, wie ein schuldlos Kind.

Durch die Gegend möcht' ich jagen
Ueber Thal und Berg dahin,
Allen Menschen möcht' ich's sagen,
Wie ich gar so fröhlich bin.

Ganz vor Freude trunken, wähne
Ich mich blind in meinem Glück:
Eine heiße Freudethräne
Zittert mir vor meinem Blick!

V. Das Lied vom treuen Baume.

Es hüllet der Wolken finsterer Flor
Das Perlengewölbe des Himmels ein;
Rings sendet die Nacht ihre Schatten empor,
Vernichtend der Sterne Schein.

Und jed' Element ist leis und still
Und doch zum Kampfe furchtbar bereit,
Wie ein Leu, der den Tiger ergreifen will
Und noch ruhig harrt auf den Streit.

Und schweigend umfließet das dunkle Meer
Die einsame Insel Sankt Helena;
Der Todesengel, er eilet daher,
Schon ist er dem Eilande nah.

Er ruht auf den Klippen, so wüst und graus;
Nun schäumet und zischet die brausende Fluth;
Er blicket hinab durch die Nacht zu dem Haus,
In welchem sein Opfer ruht.

Und vor dem Haus in dem Garten steht
Eine Weide, mit weichem Laube begabt,
Die oft, wann heiße Lüfte geweh't,
Ihren Herrn mit Schatten gelabt.

Die Weide, sie streckt die Arm' empor,
Sie ahnt den Tod von Korsika's Sohn,
Sie strecket die flehenden Arm' empor
Und ruft mit der Klage Ton:

„Bald wandelt mein Herr die finstere Bahn,
Er nähert dem Ende des Lebens sich;
Ihr Blitz' und Stürm', euch fleh' ich an,
Ihr Mächtigen, tödtet mich!"

Der Elemente kriegerisch' Heer,
Es stürm't auf die klagende Weide herab,
Es woget ringsum ein flammendes Meer
Und öffnet dem Baume sein Grab.

Und als die folgende Nacht erschien,
Da schließt sich das Aug' ihres Herrn in Ruh';
Das Aug', einst blickend und herrschend so kühn,
Es schließt sich auf ewig zu.

Es hat sich begränzt des Helden Lauf,
Er ist nun erwacht von dem schweren Traum';
Er grüßt, sich schwingend zum Aether auf,
Noch einmal den treuen Baum.

VI. Auf der Jagd.

Sie wecken mich auf aus meinem Traum'
Und laden mich ein zur Jagd;
Die Morgendämmerung hat noch kaum
Die nächtlichen Nebel verjagt.

Und ihren Antrag, ich nehm' ihn an,
Um nicht zu sagen nein;
Wir gehen hinaus, bergunter, bergan,
Betreten den herbstlichen Hain.

Ein Jeder füllt in sein Mordgewehr
Das schwarze Pulver hinein; —
Mich freut ihr Jubeln und Schreien nicht sehr,
Ich steh' wie ein Geist allein.

Ein Jeder jagt seinen Freuden nach,
Sie lassen mich einsam zurück,
In des Waldes ödem, verlass'nem Gemach,
Mit mir und meinem Glück.

Ich steh' an dem Waldbach, der braust so wild
Und ist mit den Ufern im Streit'; —
Geliebte, plötzlich besucht mich dein Bild
In meiner Einsamkeit.

Wir gehen mitsammen Hand in Hand;
Der Himmel hat sich erhellt;
Es prangt im Frühling das ganze Land
Uns glücklichsten Kindern der Welt.

Wir wandeln und geh'n in den Fluren umher,
Besteigen mitsammen die Höh'n;
O Erde, du bist ein Freudenmeer,
O Leben, wie bist du so schön! —

Vorüber ist der geträumte Mai,
Herbst ist es wieder im Land';
Sie kehren zurück; die Jagd ist vorbei,
Wir reichen einander die Hand.

Prof. Phil. Neumann.

(Wien.)

Fruchtbare Fantasie.

Welche seltsame Geschichte!
Solch' ein Dichter war ich nie.
Alles wird mir zum Gedichte,
Und ich weiß oft selbst nicht, wie?
Theures Mädchen, seit uns beide
Nun das harte Schicksal trennt,
Hat die Muse meinem Leide
Ihre schönste Huld gegönnt.

Aber nein! ich irre wieder;
Glaube mir ja nichts davon!
Lang' empfing ich meine Lieder
All' an deiner Seite schon.
Dort war in mir aufgegangen
Stündlich mehr als ein Gedicht;
Doch es blieb im Keim' gefangen,
Und zur Blüthe kam es nicht.

Und so hab' ich sie getragen,
Mitgetragen weit und breit;
Nun erst kommt nach langen Tagen
Der Entfaltung holde Zeit.
Wäre sie nur nie gekommen,
Lob und Ruhm hat sie beschert;
Doch was sie dafür genommen,
Hatte für mich süßern Werth.

Jedes Liedchen wecket Sehnen
Nach verklung'nen Stunden hin.
Welche Wünsche! Welche Thränen!
Welcher bange Trauersinn!
Trüg' ich doch, als Embryonen,
Meine Verse noch im Schooß'!
Ach, was helfen Lorbeerkronen!
Marterkronen sind sie bloß.

Dichten hat mir stets gefallen,
Und kein Gold nehm' ich dafür;
Dennoch preis' ich stets vor allen
Ein erlebtes Märchen mir.
Schöne Tage, kommet wieder!
Gebt mir wieder Glück statt Ruhm!
Kehrt in mich zurück, ihr Lieder!
Wandelt euch zum Leben um!

Nicolaus Oesterlein.

(Wien.)

Thränen.

I.

Wenn das Herz in stiller Klause
Eingesiedelt, bebend klagt,
Und im weiten Lebenshause
Einen Blick nach Tröstung wagt:

Zittern wehmuthbitt're Tropfen
Aetzend durch der Wange Plan,
Schweben himmelauf und klopfen
An der Brust des Ew'gen an.

Leichter als dem schönen Worte
Oeffnet sich dem stummen Leid'
Seines Trostes Strahlenpforte
An des Friedens Ewigkeit.

II.

Thränen hat auch die Hyäne,
Auch der Tiger hat ein Herz,
Auch der Trug weint seine Thräne,
Auch der Markt hat seinen Schmerz.

Diese Thrän' ist eine Schlange,
Die im Aug' verräth'risch lauscht,
Und vor dem berückten Fange,
Eine Lüge, giftig rauscht.

Vor des Ungeheuers Rachen
Bebt, betäubt, das Mitgefühl;
Weh' ihm, wenn kein Blitz als Lachen
Diesen Bann vernichten will!

Pannasch.

(Wien.)

Mainacht.

(Aus einer größeren Dichtung „Nachtgemälde.")

Mainacht ist! ruft mir es nach!
Mainacht ist es wieder!
Hört! ihr Schläfer! werdet wach!
Mainacht ist es wieder!

Schlaf ist Tod, im Wachen nur
Ernten wir das Leben;
Frisch hinaus in die Natur,
Wer sich will erheben!

Tag ist's nicht, er herrscht die Nacht
Und ein tiefes Schweigen;
Aber welche, welche Nacht!
Und welch' süßes Schweigen!

Vollmond sieht man, neu erwacht,
Dort am Himmel prangen,
Sterne sind in gold'ner Pracht
Strahlend aufgegangen.

Wald und Strom und Feld und Au'
Deckt ein Silberschleier;
Und herab vom Himmelsblau
Senkt sich hohe Feier.

Leise läßt vom Sternenzelt
Sich der Nachtgeist nieder;
Und die frisch erglühte Welt
Fächelt sein Gefieder.

Friede athmet die Natur,
Friede haucht sie wieder;
Und wo keines Hasses Spur,
Läßt sich Liebe nieder.

Wie mir's doch den Busen schwellt,
Dieses Frühlingsleben!
Schöner kann auch jene Welt
Uns den Mai nicht geben.

Ach! wie duften rings umher
Blumen, Kräuter, Bäume!
Und ein zahllos Käferheer
Schwirret durch die Räume.

Auf den Matten, nächtlich grün,
Herrscht ein reges Leben;
Würmchen kriechen her und hin,
Daß die Hälmchen beben.

Der Johanneskäfer glüht
Unter dunklen Fichten;
O! wie ist er doch bemüht,
Auch die Nacht zu lichten!

Dort, auf Baumes Blüthenthron,
Klaget Philomele;
Und es bringt ihr süßer Ton
Tief in meine Seele.

Alles schließt sich enger an,
Folgt den süßen Trieben;
Was nur lebt und fühlen kann,
Lernt im Mai sich lieben!

Betty Paoli.

(Wien.)

I. Mein Dichten.

So quillst du wieder, frische Liederquelle,
Die ich beinahe schon versiegt geglaubt,
So netzt denn wieder deine theu're Welle
Mein von der Gluth des Tag's gebeugtes Haupt:
Was jemals ich besessen und verloren,
Ja, jedes Traumbild aus dem früh'ren Seyn,
Durch dich, o Lied! wird es mir neu geboren,
Durch dich wird es erst unentreißbar mein!

Ihr fragt, wie sich der Geist in mir entfaltet?
Ein Räthsel ist es meiner eig'nen Brust!
Welch' dunkle Macht in meinem Innern waltet,
Der eig'nen Seele ist es nicht bewußt.
Das aber weiß ich, daß in einer Stunde,
Die bange Ewigkeiten in sich schloß,
Aus meines Kinderherzens off'ner Wunde
Der Strom des Liedes sich zuerst ergoß.

Und weiter schreitend auf den Lebenswegen,
Verwandelte zur Glocke sich mein Herz:
Da ist kein Schmerz, der nicht mit lauten Schlägen
Gepochet an der Glocke klangvoll' Erz,
Und keine Lust', die nicht in Jubeltönen
Sie froh berührt mit freudiger Gewalt,
Da ist kein Hoffen, Beten, Lieben, Sehnen,
Das aus der Glocke flehend nicht gehallt!

Doch jeder Schmerz, der meine Brust zerrissen,
Ließ eine heil'ge Spur in ihr zurück;
Nach langer Nächte bangen Finsternissen
Gewann nur rein're Helle noch mein Blick,
Bei jedem Tod' hoff' ich auf neues Leben,
Bei jedem Scheiden auf ein Wiederseh'n,
Bei'm engen Sarg' auf ein zum Himmel Schweben,
Bei'm Grabgesang' auf ew'ges Aufersteh'n! —

Von Leiden spricht wohl manches meiner Lieder,
Doch nicht vom Leid', wie es die Erde hegt:
Vom höher'n Schmerz', auf dessen Gluthgefieder
Die Seele sich in ihre Heimath trägt,
Deß Kelch, in den des Himmels Perlen-thauen,
Emporragt in das helle Morgenroth,
Der Licht verlangt nach dieser Nächte Grauen,
Der nur die ew'ge Sehnsucht ist nach Gott!

II. Verhängniss der Kunst.

O könnte ich dich von mir werfen,
Du Fluch des Sang's, der auf mir ruht!
Du Todesstahl, der, sich zu schärfen,
Erglüht in meines Herzens Blut
Und alsbald dann in meinen Thränen
Die Kühlung suchet, die ihm Noth —
Zerstört hat mich dein gleißend' Höhnen:
Ich lebe nicht und bin nicht todt.

Ich lebe nicht! denn auf der Erde
Wall' ich umher ein fremder Gast;
Bin heimathlich an keinem Herde,
Bin nicht geliebt und nicht gehaßt;
Hab' keinen Antheil an den Gaben,
Woran die Menschheit sich erfreut,
Was sie erquickt, kann mich nicht laben —
Ich bin nicht von der Zeitlichkeit!

Ich bin nicht todt! denn tief im Herzen
Regt sich der Wunsch noch glühend heiß
Nach heit'rer Freude Frühlingsscherzen,
Nach frischen Glückes jungem Reis;
Noch dränget sich mir auf die Frage,
Ob ich allein dem Schmerz' geweiht,
Ich hoffe, wünsche und verzage —
Ich bin nicht aus der Ewigkeit!

Und dieses martervolle Schwanken,
Dieß Fremdseyn an jedwedem Ort',
Dieß Himmelstürmen der Gedanken,
Dieß Sehnen nach dem Grabesport';
Dieß Heimweh, das des Lebens Blüthe
In ihrem ersten Keime brach,
Im einst so friedlichen Gemüthe
Riefst du es, Lieb, allein nur wach!

Du ließest mich das Jenseits ahnen
Und seiner Wonnen Göttlichkeit;
Ich schwebte hin auf Sternenbahnen,
Ich trank vom Quell' der Seligkeit,
Und als gleichwie mit Blitzesschnelle
Das Traumbild dann entflohen war,
Stand an des Paradieses Schwelle
Ich aller Erdenhoffnung baar.

Denn nichts kann mir die Erde bieten,
Was jenen Wonnen käme nah',
Die oft ich in des Lieb's Gebieten
So himmlisch hold erblühen sah!
Doch, nach den ewigen Gesetzen,
Uns fesselnd an die Erdenbahn,
Will sich im Glück' die Brust noch letzen,
Die's fühlen nicht noch missen kann.

So leb' ich fort ein stetes Sterben
Im Schwanken zwischen Dort und Hier,
Ein unermüdlich' Qualerwerben,
Ein Traumesseyn im Tagsgewirr',
Ein einsam' Leben der Verbannung
Inmitten dieser lauten Welt,
In dunkler Nacht, die nur die Ahnung
Als Stern jetzt, jetzt als Blitz erhellt.

III. Holden Todes Ahnung.

Ich fühl's, bald, bald wird mir zu Theil,
Was ich so heiß begehrte,
Das hohe Glück, das mir nicht feil
Für alle Luft der Erde,
Für alle Liebeseligkeit,
Für alle Ruhmeskränze!
Sie bieten doch nicht, was mir beut
Der Tod im Jugendlenze!

Wenn mich der schöne Engel ruft,
Was sollte ich denn klagen?
Als Königin sink' ich zur Gruft
In meinen jetz'gen Tagen.
Der Kranz, den mir dein Lieben gab
Voll Lorbeer, Myrthen, Rosen:
Als Krone wird er noch im Grab'
Die Stirne mir umkosen.

Soll mit dem kronenreichen Haupt'
Auf Erden fort ich wandern,
Bis daß des Schicksal's Hand mir raubt
Ein Kleinod nach dem andern?
Bis daß der Purpur mir entsinkt,
Bis daß ich so verarmet,
Daß mich der Tod, wenn er dann winkt,
Als Bettlerin umarmet? —

Nein! brich mich jetzt, mein schöner Tod,
So wie man Blumen pflücket!
Komm', morgenbringend' Abendroth!
Bin festlich ausgeschmücket.
'Dem Tod' entsprießt mir doppelt Seyn:
Im Jenseits werd' ich schweben,
Ach, und zugleich im Herzen dein
Auf Erden fort noch leben!

IV. Dort wie hier!

Wenn ich an meinem Fenster
Im Abenddunkel steh',
Des fernen Himmels Blumen,
Die tausend Sterne seh';

Da suche ich den einen,
Der hell're Strahlen sprüht,
Und, still betrachtend, denk' ich
Im innersten Gemüth:

Auf jenem schönen Sterne
Am dunklen Firmament'
Lebt sicherlich ein Wesen,
Das ich wohl lieben könnt'!

Dort muß ein höh'res Leben,
Ein beff'rer Sonnenschein,
Dort müssen schön're Blumen
Und schön're Herzen seyn.

Ach, und dieselbe Klage,
Die meine Brust durchbohrt,
Erhebt vielleicht zur Stunde
Sich am ersehnten Ort'!

Vielleicht zur selben Stunde
Streift dort ein müder Blick
Zur Erde bang' herüber
Und suchet hier das Glück,

Und meint: auf jenem Sterne,
Deß Namen man nicht kennt,
Lebt sicherlich ein Wesen,
Das ich wohl lieben könnt'!

Caroline Pichler, geb. Edle von Greiner.

(Wien.)

Der junge Eichbaum und die Weide.

(Keine Fabel.)

In einem Thal', wo durch's Gesträuche
 Ein kleiner Bach sich silbern wand,
Stand neben einer jungen Eiche
 Ein Weidenbäumchen in dem Sand'.

An Alter und an Größe gleichen
 Sich beide noch, und keines kennt
Den Abstand, der den Sohn der Eichen
 Von einer niedern Weide trennt.

Sie bieten treulich sich die Aeste,
 Und ahnen nichts von der Gefahr,
Bald stand gekühlt von einem Weste,
 Und eng' verschränkt das junge Paar.

Allein in wenig Jahren streben

   Des Eichbaum's Zweige himmelan,

Wohin die Weide sich nicht heben,

   Dem höh'ren Freund' nicht folgen kann.

Sie reißt sich nun mit tausend Wunden

   Von dem geliebten Baum' zurück,

Und büßt für wenig schöne Stunden

   Mit ihres ganzen Lebens Glück.

Otto Prechtler.
(Wien.)

Landschaftskizzen.

I. Morgendämmerung.

Tiefer Schlaf will seine Schwingen
 Heilig um die Flur noch breiten;
Halb im Traum' die Vög'lein singen,
 Zum Gebet' die Blümlein läuten.
Wolken süßer, reiner Düfte
 Steigen brünstig in die Lüfte.

Thränen frommer Rührung hängen
 An den jungen Blumen allen
Und ein unbekanntes Drängen
 Faßt sie, Herz an Herz zu fallen;
Denn der Tag der Frühlingsfeier
Bricht schon durch der Dämm'rung Schleier.

11. Die Felsenquelle.

Tiefer in des Wald's Verließe
 Zieht mich fort ein süß' Vergessen,
Hinter mir liegt Feld und Wiese
 Und der Platz, wo ich gesessen.
Stiller wird's und nächtlich düster
Regt sich kaum das Blattgeflüster.

Nur ein Bächlein gleitet friedlich
 Ueber Kiesel wildverloren,
Klingend, springend unermüdlich,
 Murmelnd jetzt und dumpfverworren,
Küßt die wilden Uferblumen,
Will jetzt ganz und gar verstummen.

III. Feierabend.

Bräutlich von dem Abendglanze
    Ist das blüh'nde Thal umflossen,
Und es ruht im Maienkranze
    An des Frühlings Brust geschlossen;
An den Bergsaum hängt die Sonne
Eine diamant'ne Krone.

Sylfen hängen müd' geflogen,
    An den schwanken Blumenlippen;
Sturzesmüd' im engern Bogen
    Sinkt der Bach von Felsenklippen;
Blume trinkt des Thaues Tropfen,
Läßt ihr Herzchen leiser klopfen.

Leiser spielt das Laub am Baume;
    Abgebroch'ne Sehnsuchtlaute
Singt der Vogel halb im Traume,
    Schwankt zum Nest', das Liebe baute;
Und der Sonne letzte Funken
Sind in's Meer der Ruh' versunken.

Und wie außen — so wird's innen — —
Feierabend! Sabathstille!
Heil'ge Schauer mich durchrinnen. —
Bricht die Seele leicht die Hülle?
Schwebt zu Ihr — so sehnsuchtmunter?
Geht sie in der schönern unter?

IV. Mainacht.

In dem milden, klaren Blaue
    Schwimmt der Mond im Silberglanze,
Löset zu dem Blumenthaue
    Perlen ab vom Strahlenkranze.
Durch die dunk'len Luftgefilde
Strömt des Lichtes Welle milde;

Schlingt um Baum und Blüthenhallen
    Unsichtbare Strahlenarme,
Kühlt der Blume Liebesqualen
    Und das Herz, das liebewarme;
Und des Tages wild'res Sehnen
Löf't sich auf in Freudethränen.

V. Auf den Bergen.

Sieh, die Berge sonnetrunken
  Legen ihre Riesenarme
Müd' hinaus so gramversunken
  In das Land, das mittagswarme.
Und ich steh' auf ihrem Rücken,
In der Brust ein fremd' Entzücken.

Unter mir so sonnenhelle
  Schmiegt ein See sich in die Klippen,
Und die schlafversunk'ne Welle
  Schließt die sonst beredten Lippen,
Nur ein Aar stürzt in die Lüfte
Aus dem dunklen Felsgeklüfte.

VI. Verklärung.

Seyd ihr wieder abgezogen,
    Schwarze Wolken, todesschwanger?
Und der süße Friedensbogen
    Neigt sich still um Wies' und Anger!
Und der Sonne letztes Flimmern
Will in tausend Tropfen schimmern.

Leichter jagt die rasche Welle
    Wieder durch die frischen Auen,
Blümlein baden in der Quelle,
    Die gefolgt dem Wettergrauen;
Frische Luft streift lustig wieder,
Schüttelt schwere Tropfen nieder.

Vöglein sonnen ihre Schwingen,
    Jubeln ruhlos in den Zweigen,
Mücken tanzen ihren Reigen
    Und die Abendglöcklein klingen,
Und die Sonne küßt im Scheiden
Eine Welt voll stiller Freuden.

VII. Alpenferne.

Sieh, die Sonne ist geschieden,
 Und der Tag ging schon zur Ruh',
Und dem fernen Alpenfrieden
 Fliehen meine Blicke zu;
Wie ein Bild der ew'gen Treue
Ragen sie in tiefer Bläue.

Und in schärfern Kanten malet
 Sich der Alpen dunkler Saum;
Schwaches, klares Mondlicht strahlet
 In den wolkenlosen Raum,
Streut der Schwermuth bleiche Blumen
In der Alpen Nachtverstummen.

Und wie Heimweh will's mich fassen,
 Heimweh nach dem fernen Thal',
Will nicht ab vom Herzen lassen
 Mit des Sehnens stiller Qual,
Heimweh nach dem kleinen Ländchen,
Das bedeckt ein Kinderhändchen.

Süße Ruh' ist ausgegossen
 Auf die nächtlich stille Welt;
Mich nur hat sie nicht umschlossen,
 Wand're noch durch Hain und Feld;
Nach den Alpen zieht mein Lieben,
Heimathländchen ruht ja drüben!

J. Ladislav Pyrker.

(Erlau.)

An die vaterländischen Dichter.

Einst sang auch ich dem theuren Vaterlande
    Zu Ehren, hohen Muth's, mein Heldenlied:
Wohl kam's bei Jugendkraft, und Lust zu Stande,
    Wie es die Gunst der Muse mir beschied;
Doch ach, was kann ich nun am Grabesrande,
    Indem mich lange schon die Holde mied,
Ihr Freund', euch außer jenem Wunsche geben:
Ihr möget lang' zu seinem Ruhme leben!

Friedrich Reil.

(Wien.)

Die Geheimnisvolle.

Wie verwandelt sich das Herz!
O wie wechselt auf der Stelle
Und oft aus derselben Quelle
Das Gefühl von Lust und Schmerz!
   Jüngst bekam ich davon Licht.
   Wie das? Sagen — will ich's nicht.

Heiter sah ich sonst die Welt,
Wie den Blumensaal im Tanze,
Alles von dem frischen Glanze
Junger Phantasie erhellt:
   Milder scheint mir jetzt das Licht.
   Wie das kommt, — ich sag' es nicht.

Schöner ist der Abendstern,
Und mit anderem Gefühle
Wall' ich in dem Parkasyle
Zu den Nachtigallen gern,
   Einsam gern im Mondenlicht.
   Und warum? — das sag' ich nicht.

Anders hör' ich nun das Lied
Dieſer ſanften Nachtigallen,
Und bemerke mit Gefallen
Einen größern Unterſchied,

    Leſ' ich jetzt ein Klaggedicht;
    Und wo her? das ſag' ich nicht.

Sonſt gefiel ich mir im Kreiſe
Angenehmer Sprecherinnen,
Lieber jetzt — im ſtummen Sinnen,
Einſam Seyn, ſtillem Fleiß
    Und Bedenken ſchöner Pflicht:
    Warum lieber? — ſag' ich nicht.

Sah ich eine Traumg...
War ich ſchön gekleidet, munter
Tanzt' ein paarmal auch mitunter,
So war Alles abgethan
    Was mir nun im Herzen ſpricht, —
    So was ſagt ein Mädchen nicht.

Ludwig Reland.
(Prag.)

I. Der Meermann.
Ballade.

Das Meer ist still, der Mondschein hell,
Das Schiff fährt unter'm Winde schnell.
Mondweiß, ein kecker Münsterbau,
Erglänzen Segel, Mast und Tau,
Und am Verdeck und hoch am Mast
Schließt treue Augen sich're Rast.

Da leise taucht es aus der Fluth
Und schlüpft empor wie Schlangenbrut,
Und tastend steigen hier und dort
Am rechten, linken Schiffesbord'
Zwei Hände gru und riesengroß,
Zwei Arme halb im Wasserschooß'

Und matter bäumt sich in die Höh'
Das Schiff — und höher schäumt die See.
Hier springt und dort ein grüner Quell
Und Plank' um Planke schwindet schnell,
Doch still ist's noch im Schiffesraum —
Noch träumen sie den letzten Traum.

Der Meermann!, tönt ein dumpfer Schrei —
Und einer noch — schon ist's vorbei. —
Schon schlägt die Fluth zum Deckenplan',
Schon bäumt der Kiel sich himmelan —
Und d'rüber hin, in grünem Licht',
Erglänzet Meermanns Angesicht. —

Und donnernd in den Abgrund bringt
Das Schiff, wie er darauf sich schwingt.
Ein Wimpel ob den Fluthen schwebt,
Ein grüner Arm des schnell begräbt;
Ein Schwimmer ob dem Abgrund kreist,
Eine grüne Faust ihn niederreißt.

Am Ort' des Schiffes Fluthen zieh'n
Kein Trümmerrest bezeichnet ihn;
Nur Blasen, Geisteraugen bleich,
Nur Schaum zerdrückten Gliedern gleich;
Ein Wölkchen fliegt am Mond' vorbei —
Sein Trauern war's — schon glänzt er frei! —

II. Oldřich und Božena.

Im Morgennebel wogen, wie ein bezaubert' Bild,
Die dunklen Wälderhöhen, das grüne Lenzgefild,
Da zieht zum Jägerwerke aus dem geschmückten Hauf'
Der Böhmenherzog Oldřich mit seiner Schaar hinaus.

Die Hörner dröhnen freudig, der Zug sanf't durch den Wald;
Gar hohe Männer alle, gar fürstlich von Gestalt,
Doch ist ob Allen ragend Herr Oldřich zu erseh'n,
Ein Eichbaum unter Büschen, ein Hirsch inmitten Reh'n.

Sie jagen über Felsen in wildvermeß'nem Muth',
Sie fällen Bär und Eber mit Würfen, scharf und gut.
Doch fliegt Herr Oldřich immer noch weit vor ihrem Zug',
Weit über Alle blitzend trifft seiner Speere Flug.

Und höher steigt die Sonne, und heißer allzumahl
Fällt auf die müden Jäger durch's Fluthenbach ihr Strahl,
Und lechzend sucht die Meute des Zwanzigenders Lauf;
Der Herzog nur folgt rascher ihm durch's Gebirg' hinauf.

Die Sonne steht im Mittag, da ist der Hirsch erreicht,
Doch matt ist auch der Herzog, sein Renner stöhnt und keucht;
Er sinnt, denn fremde scheinen ihm Fels und Waldrevier
Und langsam durch das Dickicht führt er sein müdes Thier.

Da liegt in grauſer Wildniß urplötzlich aufgethan
Vor ihm wie eine Blume ein grüner Wieſenplan;
Gleich einer Perle glänzet darin ein Felſenquell
Und zieht durch wilde Roſen die Silberfäden hell.

Am Born' ſteht eine Jungfrau, die, ſchüchtern vorgeneigt,
Taucht Linnen in die Welle, die ihr zum Knöchel ſteigt;
Gar weiß iſt ſchon das Linnen, grau ſcheint's an ihrem Arm',
Blau ſtrahlt im Quell der Himmel, ihr Auge glänzt ihn arm.

Der Herzog ſchreitet näher — ſie bebt — doch flieht ſie nicht —
Er tritt an ihre Seite, wie glüht ſein Angeſicht;
Er tauſcht mit ihr manch' Wörtlein; was iſt er ſo verwirrt?
Sie läßt ihr Linnen fallen; ob ſie's wohl merken wird?

Ein Lichtgott er voll Stärke, ſie Milde, Weichheit, Glanz;
Er eine Siegesſäule; ſie ein bethauter Kranz:
So ſtehen ſie beiſammen, verloren, doch beglückt,
Mit Eins ſich ganz erkennend, mit Eins von ſich entzückt.

Sie ſchau'n ſich an, ſie neigen ſich ſehnend Mund an Mund;
Da rauſcht wie lauter Küſſe der Quell im Blumengrund';
Sie halten ſich umſchloſſen in ſeligem Verein',
Ein Lüftchen frägt die Roſen: wann wird wohl Hochzeit ſeyn?

III. Quell und Heimchen.

Durch den Wald wogt grünlich' Schimmern,
Mondschein sendet seine Träume,
Bis entschlafen alle Bäume
Und die Blätter matt nur flimmern.

An der Quelle nur, die stille
Rieselnd Augen läßt erglänzen
Um die Blumen, die sie kränzen,
Sitzt und singt geheim die Grille.

Teppich, ganz von Gold durchzogen,
Sind ihr Hälmchen mondbeschienen,
Und zwei Blätter sind zum grünen,
Luft'gen Haus' für sie geboren.

Selbst im Rieseln, doch beseelet
Spricht ihr Lied von Blumendüften
Zu der Quelle, die von Klüften,
Von Karfunkeln ihr erzählet.

Rings im Walde zaub'risch' Weben,
Glanz und Dunkel ihre Träume;
Wer doch könnte in's Geheime
Ihnen gleich solch' Traumseyn leben!—

Dr. Fr. E. Scherer.

(Wien.)

Der Maurenritter.

Romanze.

Dein Angesicht erscheint, o Herrin,
Ein Selam meinem Angesichte,
Den ich von deiner Huld empfangen,
Der mich begeistert, dem ich dichte!

Die Lilien deiner freien Stirne,
Ich wage sie entzückt zu deuten,
Sie sind die Reinheit der Gedanken,
Vor der zurück die Locken scheuten!

Die Lockennacht der schönsten Haare
Hältst du mit Recht in gold'nen Banden;
Dieweil, wenn nicht die Kette golden,
Sie längst der Knechtschaft widerstanden! —

Die Pfirsichblüthen deiner Wangen
Und die so zart geformten Grübchen —
Wer sah Verschämtheit und Verlangen
So duftig blüh'n an seinem Liebchen? —

Wer sah die Rosen der Gewährung
Auf einer schön'ren Lippe glühen?
Wo sind in einer Purpurmuschel
So viele Perlen je gediehen? —

Und dennoch läßt sich dieses Mundes
Schalkhaftes Lächeln nur vergleichen
Mit süßen Mandelblüthenknospen,
Wenn sie der Knospenhaft entweichen! —

Und über diese Farbenfülle
Verbreitet seine milden Strahlen
Das dunkle Paar der Augensterne!
Kann ich sie schau'n — und weiter malen?! —

In ihren Anblick ganz versunken,
Seh' ich nicht Lilien mehr, noch Rosen,
Nicht Pfirsich' und nicht Mandelblüthen, —
Ich seh' nur dich, — mit dir zu kosen. —

M. L. Schleifer.

(Am Traunsee.)

1. Heimath.

Was ist die Heimath, die theure, süße,
Die zu vergessen ich nimmer lerne?
Um die ich trau're in oder Ferne,
Die ich mit Thränen im Auge grüße?

Was ist die Heimath, nach deren Höhen
Mich das Verlangen vom Schlummer wecket?
Wie nach der Mutter das Kind sich strecket,
Streck' ich die Arme zum Wiedersehen!

Was ist die Heimath? Sind's ihre Thäler?
Sind es die Gärten voll Frühlingslauben?
Sind es die Hügel voll Purpurtrauben?
Sind es des Kirchhof's versunkene Mäler?

Sind es die Anger voll Melodieen
Jubelnder Lerchen in Maienhelle,
Ist's die Madonna in der Kapelle,
Lächelnd dem Knaben auf ihren Knieen?

Seyd ihr die Heimath, ihr Eichenhaine?
Wipfel im Tanz', mit des Nordland's Lüften?
Ströme, seyd ihr's, aus Gebirges Klüften
Brausend im Sturz' über Felsgesteine?

Nein, ihr Gelände, ihr Rebenhügel,
Seyd nicht die Heimath! Ihr Waizenfelder,
Stürzende Ströme, brausende Wälder,
Wär't ihr's, ich nähme der Windsbraut Flügel;

Wär't ihr's, ich wanderte mit Frohlocken,
Flöge, mich wieder daheim zu fühlen,
Ließe der Heimath Lüfte mich kühlen,
Lauschte dem Klange der Abendglocken!

Was ist die Heimath, die theure, süße?
Die zu vergessen ich nimmer lerne?
Um die ich trau're in der Ferne?
Die ich mit Thränen im Auge grüße?

Jugend, du bist's, die ich Heimath glaube!
Träume von Liedern, die dort geblieben!
Seliges Neigen zum ersten Lieben!
Süßes Geheimniß der Sommerlaube!

Jünglings Gesang, wenn die Becher schäumen!
Kränze des Ruhm's für den Patrioten!
Schmuck auf die Gräber erhab'ner Todten!
Aussaat, vertraut der Zukunft Räumen!

Könnt ihr nicht mit in die Heimath ziehen,
Schmückt ihr die Flur nicht mit euren Rosen,
Lehrt ihr die Frühlingslüfte nicht kosen,
Könnt ihr nicht mit vor der Jungfrau knieen!

Ewig dann bleibt mir die Heimath ferne!
Jugend und Heimath — es blüht nur eine!
Heimath, ich werde dich, die ich meine,
Wiederseh'n erst auf dem schön'ren Sterne!

II. Zumalacarregui.

Leon und Castilien waffnen,
Arragonien, Catalonien,
Und Galizien und Asturien
Hängen Kriegesfahnen aus;

Und zu ihnen tritt Toledo,
Cordova, Estremadura,
Andalusien und Granada,
Mancha und Valenzia.

Gilt's mit England, gilt's mit Frankreich
Kampf und Krieg auf Tod und Leben?
Oder soll der Halbmond zittern?
Droh't der Zug nach Afrika?

Nein, der Britte von dem Wollsack'
Ueber's Weltmeer, und der Franzmann
An der Bidassoa=Brücke
Bieten Spanien die Hand.

Mahmud's Säbel liegt im Meere,
Tunis faulet, Barbarossa
Macht kein spanisch' Herz mehr frösteln,
Und sein Wimpel sank vom Mast'!

Gegen wen dann, Castilianer,
Gegen wen dann, Maurensieger,
Gegen wen dann, ihr Marschälle,
Schnall't ihr eure Degen um?

Schweigt ihr, schaambefleckter Wange?
Ha — ihr zieht, Castiliens Ehre
Hülle dich in Flor! — ihr ziehet
Gegen einen Spanier!

Gegen Einen all ihr Stolzen?
Ist wohl Cortez auf vom Grabe,
Ist Gonsalvo aufgestiegen,
Oder gar der große Cid?

Nein, die sind nicht aufgestanden!
O wie werden sie euch höhnen,
Und die Heldenhand dir reichen,
Zumalacarregui!

Ja er, der die Marschallshüte
Aller Königreiche Spaniens
Vor sich hergejagt, er heißet
Zumalacarregui!

Der aus Nichts sein Heer geschaffen,
Ihm erst Waffen geben mußte,
Waffen, euch genommen, heißet
Zumalacarregui.

Der mit seiner Handvoll Hirten
Euch gepeitscht hat, vier Mal, fünf Mal,
Einen nach dem andern, heißet
Zumalacarregui.

Der den kecken Muth euch ausblies,
Leicht wie glimmende Cigarren,
Der wie Gras euch mäh'te, heißet
Zumalacarregui.

Der das Fleisch so mürb' euch klopfte,
Bis ihr endlich betteln lerntet:
„Britte, Franzmann, helft uns!" heißet
Zumalacarregui.

Doch erholt euch nur vom Schrecken!
Die zerfetzten Federbüsche,
Schmückt nur wieder auf! Im Grab' liegt
Zumalacarregui.

Hängt dem Tod' das gold'ne Vließ um!
Nennt, Marschälle, ih'n Großmarschall!
Er zermalmte euren Hammer,
Zumalacarregui!

Wenn die Ammen Spaniens künftig
Einen Ruf zum Kinderschrecken
Brauchen, lehret sie den Namen:
Zumalacarregui!

Tanz hielt höhnend Pampeluna?
Recht! den Granen freut's zu tanzen
Auf des Löwen Grab': Schlaf', Löwe
Zumalacarregui!

III. Die Schuld.

(An meine Töchter.)

Die Schuld ging frech am hellen Tag' durch's Land;
Man bebt vor ihr, und alles Volk ergreift
Die Flucht, und weder sie noch ihr Gewand,
Noch ihres Mantels Saum bestreift
Von den Entfliehenden nur Einen.
Allein der Sonne abendnahes Scheinen
Macht, daß die Schreckliche auf ihrem Gang'
Furchtbar und riesenlang
Am Feld' hin einen Schatten warf;
Und dieser Schatten traf so schwer, so scharf,
Daß er, wie Gift, durch's Mark der Armen drang,
Die er erreicht; und wie man wusch und rieb,
An Männern lang' und schmerzlich haften blieb,
Und an den Frau'n ganz unauslöschlich war.

  Erkennet, Mädchen, die Gefahr;
   Nicht von der Schuld nur müßt ihr rein,
  Ihr müßt es auch von ihrem Schatten seyn!

IV. Silberne Hochzeit.

(Bei der 25. Feier der Schlacht bei Aspern, am 21.
und 22. Mai 1834.)

Auf, mein Oest'reich! Heut' und morgen prang' im reichen
Festtagskleide,

Schmücke Stirne, Hals und Busen mit dem köstlichsten Ge-
schmeide;

Wecke Glocken und Kanonen! du, mein Oest'reich, feiertest,
Heut' sind's fünf und zwanzig Jahre, gar ein herrlich Hochzeitfest!

Hohe, ruhmverklärte Häupter waren bei dem Fest' zugegen,
Friedrich, der Mongolensieger, Rudolph mit dem
Marchfeldsdegen,

Max und Karl, die Ferdinande, Starhemberg
und Engen,

Laudon und dein großer Joseph wollten mit im Reihen
steh'n!

Pfingsten war herangekommen, und der Morgen eilt zu tagen,
Denn schon war die große Tafel rings um Aspern aufgeschlagen,

Und herab vom Bisamberge, und herüber über'n Strom
Weh'ten Fahnen, drängten Gäste, riefen donnernd sich: Willkomm!

Und die Blicke von Europa hafteten auf dem Gelage,

Alle edler'n Herzen schlugen freudig mit am Ehrentage;

Denn es floh vor deinen Kriegern, floh vor Karl von

Oesterreich,

Heut', wie nie zuvor, der Korse, heut' zum ersten Male bleich!

Dir des Festtag's Gang zu schildern, jeden Blitz, wie er ge=

schlagen,

Sieg an Sieg, im Kranz' verschlungen, werd' ich wahrlich

nimmer wagen;

Ob auch Menschenzungen schweigen, es erzählt's der Donau=

Strand,

Wien, dein Waffenhaus, erzählt es, deine Eisenküraß=

wand!

Und auf Flügeln des Entzückens machte des Triumphes Kunde

Ueber Ströme, Meer' und Länder, um den Erdenkreis die

Runde;

Held und Bauer, Herr und Bettler riefen jubelnd: Weißt

du's schon?

Der Verderber ward geschlagen, hat gezittert, ist gefloh'n!

Alle seine Legionen und die von des Ebro Wogen,

Die vom Po, die von der Nordsee, die vom Rhein! er

mitgezogen,

Alle senkten ihre Adler mit zerschmettertem Gebein',

Oest'reich, Sieger über Alle in der Pfingstschlacht, stand

allein!

Der Erschlag'nen Geister ziehen mit dem Führer, dem ver=
weg'nen,

Bis sie in der Stadt der Czaaren ihm bei Flammenschein
begegnen,

Bis er klappernd im Gestöber an die Berezina floh,

Dann erst zeugte Aspern Leipzig, Leipzig zeugte
Waterloo!

Darum, Oest'reich, heut' und morgen prang' im reichen Fest=
tagskleide,

Schmücke Stirne, Hals und Busen mit dem köstlichsten Ge=
schmeide;

Wecke Glocken und Kanonen, du, mein Oest'reich, feiertest —
Heut' sind's fünf und zwanzig Jahre — gar ein herrlich
Hochzeitfest!

Nimm mein Lied, wie ich's gesungen, Sänger schon mit
greisen Locken!

Mag's verhallen unvernommen unter meines Volk's Frohlocken!

Ist doch silbern erst die Hochzeit! Drei Mal herrlicher
erklingt,

Was ein Sänger höh'rer Weihe einst zur gold'nen Feier
singt!

V. Der Witwer.

Vom Abendroth' verglomm der letzte Strahl,
Die Wälder dunkeln;
Irrlichter halten Tanz auf Berg und Thal,
Die Sterne funkeln;
Die Kinder, schlafumsponnen,
Der warme Flaum umfängt,
Mit frommen Weihebronnen
Hat Mutter sie besprengt.

Die Nacht und ihre Ruh' entflieh'n geschwind,
Bald nah't der Morgen.
Die Hausfrau schafft noch, klug und treu gesinnt,
Hat noch zu sorgen;
Daß, eh' es Morgen werde,
Die Flamme brennt im Nu,
Deckt sie die Gluth am Herde
Mit leichter Asche zu.

Mir aber trugen sie die Hausfrau fort!
War Gottes Wille!
Seht ihr das lichte Kreuz am Hügel dort?
Da ruht sie stille.
Doch hüllte sie mein Leiden,
Der Liebe Gluth und Pein,
Bevor sie ging zum Scheiden,
Mit Wehmuthasche ein.

Seitdem verbirgt und trennt uns tiefe Nacht!
Doch die wird schwinden.
Ein schön'rer Morgen naht, wo wir, erwacht,
Uns wiederfinden.
Die Asche bleibt der Erde,
Und ledig ihrer Huth
Erglimmt am Himmelsherde
Die treu bewahrte Gluth.

VI. Projectirter Kanal.

Sie schreiben und messen und rechnen viel,
Und kommen doch nimmer und nie an's Ziel,
Daß mit dem König' dem Rheine
Sich Königin Donan vereine.

Schon Kaiser Karl mit der hellen Stimm' —
Der Mönch und der Ritter erzählt von ihm —
Zwang leichter die Sachsen zum Taufen,
Als den Rhein in die Donan zu laufen.

Wohlan, ihr Herren, so kommt herbei,
Und denkt an Columbus und an sein Ei;
Die Nuß, zu hart euren Backen,
Paßt auf, — ich will sie euch knacken.

Ihr saht, wenn ihr je die Donau beschifft,
Dem Strande nah', Klosterneuburgs Stift;
Sein Wein, den Könige trinken,
Im Glas' hier seht ihr ihn blinken.

Auch kennt ihr Johannisberg, nah' am Rhein,
Hier perlet im Glase des Fürsten Wein:
Hut ab! Gott laß' ihn leben,
Vollkräftig, wie seine Reben!

Und nun — hier schütt' ich auf den Tisch
Von rechts, von links das edle Gemisch,
Und so, wie verschwisterte Flammen,
Strömt Rhein und Donau zusammen.

Nun merkt's euch, und nehmt die Warnung dazu:
Drückt euch in Zukunft wieder der Schuh,
So holt euch, aber bei Zeiten,
Von Männern Rath, von gescheidten!

VII. Tageszeiten.

Ein Liedchen erklang am Morgen:
Frisch auf! durch's Leben getanzt!
Dem Wind' geb' ich Preis die Sorgen!
Mir ward die Rose gepflanzt!
Ein Gott der Freude ließ blühen
Zum Kusse die Mägdelein;
Ließ purpurne Trauben glühen!
Schenk', holder Knabe, schenk' ein!

Doch gleich Drometen erklang es
Mittags, als die Sonne stieg;
Da rief die Gluth des Gesanges
Die Ringer zu Kampf und Sieg;
Da ward der Degen geschwungen,
Da ward der Rappe gezäumt,
Manch' schöne Kron' errungen,
Wovon der Jüngling geträumt!

Und Abend war es geworden,
Wie Gottes Frieden erklang
In weichen Flötenaccorden
Der müden Kämpfer Gesang.
Der lauscht nun, wenn Wiegenlieder
Von rosiger Lippe weh'n;
Den freut's, umduftet vom Flieder
Des Kirchhof's sinnend zu steh'n.

Und N a ch t ist heraufgestiegen!
Wohl blinken die Sterne hell,
Doch in der Brust will versiegen
Des Lied's krystallener Quell!
Nun sonnt sich im Frühlingsscheine
Des Silberhaar's Diadem!
Nun tönt's: gieb, o Herr, mir deine
Aeternam requiem!

Hiacinth von Schulheim.
(Graz.)

I. Des Kindes Klage.

Das Kindlein liegt zu Bette, die Wangen fahl und bleich,
Und draußen blüht der Frühling so frisch und farbenreich,
Der Abend blicket scheidend durch's Fensterglas herein,
Als wollt' er tröstend sagen: Nun wird es Nacht bald seyn!.

„Ach Mutter, süße Mutter!
„Der Frühling ist gekommen,
„Und hat dem armen Kindlein
„Das Augenblau genommen;
„D'rauf ist er über Thäler
„Und Berge weggeflogen,
„Und hat mit meinen Farben
„Die Veilchen angezogen.“

„Ach Mutter, süße Mutter!
„Der Frühling ist gekommen,
„Und hat dem armen Kindlein
„Das Morgenroth genommen;
„D'rauf hat er seinen Pinsel
„In's Herzblut ihm getauchet,
„Und all' die schönen Rosen
„Gemalt und angehauchet.“

„Ach Mutter, süße Mutter!

„Der Frühling ist gekommen,

„Und hat dem armen Kindlein

„Die Lieder weggenommen;

„Und unter seine Vögel

„Hat er den Raub getheilet;

„D'rauf hat er sie als Boten

„In Wald und Flur vertheilet."

„Ach Mutter, süße Mutter!

„Der Frühling ist gekommen,

„Und hat dem armen Kindlein

„Das Leben weggenommen;

„D'rauf hat er es den Blumen

„Und Bächlein hingegeben,

„Und ach, dem armen Kindlein

„Nichts mehr zurückgegeben. — —"

Die Sonne hat sich leise den Berg hinabgeneigt,

Die Sterne sind gekommen, das Abendglöckchen schweigt;

Der Tod tritt an das Bette und nimmt das Herzeleid

Dem Kindlein auch, und flüstert: Nnn ist es Schlafens Zeit.

II. Mein Erstes.

Wie freuet mich so innig
Des Lenzes erstes Grün,
Wie seh' ich gar so gerne
Die ersten Veilchen blüh'n!

Das erste Laub am Baume
Der Blüthe erstes Weiß,
Die erste reife Kirsche
Verdient den ersten Preis.

Noch ruht, im Arm' des Schlummers
Die liebende Natur,
Und dunkle Schatten schweben
Auf Bergen, Thal und Flur. —

Wie füllt mich da mit Wonne
Des Morgens erster Strahl,
Wie lausch' ich mit Entzücken
Der ersten Nachtigall.

Den ersten Schnee des Winters,
Wie schau' ich ihn so gern!
Wie frenet mich vor allen
Der traute Abendstern. —

Doch bietet mir kein Erstes
Den wonnigen Genuß,
Das himmlische Vergnügen:
Als wie der erste Kuß!

Anton Schurz.
(Wien.)

Auch ein Lied.

Nicht nur, was auf Silberflügel
Lieblich über Thal und Hügel
Von des Dichters Lippe fließt,
Daß es in die Herzen wand're, —
Manches And're, —
Ist wohl auch ein Lied.

Nicht nur Nachtigallgekose
Um die liebentbrannte Rose, —
Trüber Unke Ruf im Ried, —
Wogensturz aus Felsenhülle
Mit Gebrülle
Ist wohl auch ein Lied!

Welterschütterndes Getose,
Wenn in Ungewitters Schooße
Der uralte Keileschmied,
Daß es durch's Gewölke dämmert,
Niederhämmert,
Ist wohl auch ein Lied!

Gäulewiehern, Wehgeheule,
Wenn die eh'rne Heeressäule
Niederrasselt, Glied an Glied,
Und der schrecklichen Karthaune
Mordposaune,
Ist wohl auch ein Lied. — —

Wenn ich Rosen, mir so theuer,
Schaue nah'n, und jähes Feuer
Mir die Wangen überzieht, —
Was ich in der tiefsten Seele
Dann verhehle,
Ist wohl auch ein Lied!

Wenn die Herrliche dann wieder,
Sie, das schönste Lied der Lieder,
Nur zu bald, von hinnen schied,
Und ich mich vergessen wähne, —
Jene Thräne,
Ist wohl auch ein Lied!

Prof. J. Gabriel Seidl.

(Cilli.)

I. Der gejagte Jäger.

Ballade.

Das geht durch Dorn und Ranke, durch Wald und Schlucht
in Hast! —
Du junger Alpenjäger, so gönne dir doch Rast!
Das Wetter ist nicht günstig, was klimmst du denn empor?
Glaubst du, die Gemsen machen sich dir zu Lieb' hervor?

Dem jungen Alpenjäger liegt nicht die Jagd im Sinn',
Er starrt mit trüben Augen gar seltsam vor sich hin;
Er schlendert an den Klüften, wovor selbst Jägern graus't,
Ganz schwindellos vorüber, die Büchs' in krampf'ger Faust.

Den Aar in hohen Lüften, sonst ein willkomm'nes Ziel,
Er läßt ihn ruhig kreisen, es gilt ein and'res Spiel.
Heut' ist nicht er der Jäger, heut' wird er selbst gejagt,
Gejagt von Klipp' auf Klippe, bis ihm die Kraft versagt.

Die Jäger sind die Schwüre, die ihm die Sennin schwor,
Die Jäger sind die Stunden, die er an sie verlor,
Die Jäger sind die Küsse, die sie nicht ihm vermeint,
Die Jäger sind die Thränen, die sie nicht ihm geweint.

Ein luftig' Jägervölkchen! für einen Leu genug!
Sie hetzen ihn, verspottend, bis hin zum letzten Bug',
Zum Rand', wo kein Entrinnen, wo kein Besinnen gilt;
Da steht er nun, umzingelt, ein armes mattes Wild.

Was kümmert ihn die Wolke, die fast sein Haupt berührt.
Was kümmert ihn das Wetter, das sie im Schilde führt,
Ihr Prasseln und ihr Brausen und ihrer Blitze Strahl? —
Sein Auge starrt hinunter, hinunter nur in's Thal.

Dort steht sie noch, die Hütte, das Fenster glänzt noch dort,
Das klirrte manchem Pochen, das lauschte manchem Wort';
Das Pochen war vergebens, das Wort war leere Spreu,
Er hat die Treu' gehalten, doch sie vergaß der Treu'.

Jetzt regt sich was vor'm Hüttchen, — sie ist's — sie muß
es seyn;
Da hüllt der Nebel, sinkend, ihm Thal und Hüttchen ein.
Da faßt er wild die Büchse, drückt fest an's Herz den Lauf, —
Glück auf, beglückter Freier! Herzliebchen, schau' herauf!"

Und plötzlich senkt die Wolke sich, berstend, niederwärts, —
Ein Strahl, — der Jäger sinket, — der Strahl fuhr ihm
durch's Herz, —
So fanden ihn die Jäger, versengt vom Flammenkuß:
Des Himmels Blitz ersparte dem einen bösen Schuß!

II. Einer Braut.

Du hatteſt einen Freier, ſchöne Braut;
Er iſt als Gatte dir nun angetraut:
Verkenne nicht den Freier, den du fandeſt,
Und nicht den Gatten, dem du dich verbandeſt!

Der munt're Freier war der — Liebestraum,
Er ſchwebt' um dich gehüllt in Silberflaum,
Der Hoffnung Grün, der Freude Blüthenglocken,
Der Sehnſucht Immergrün in ſeinen Locken.

Sein Kleid war Morgenroth, ſein Athem Duft,
Sein Seufzer Melodie, ſein Zürnen Luft;
Er tauchte ſeinen Pinſel nur in Wonne,
Und malte dir ein Land voll Schmelz und Sonne! —

Dein Gatte, ſchöne Braut — o blick' ihn an, —
Es iſt das Leben, gar im erſten Mann,
In dunklem Mantel tritt er dir entgegen,
Du weißt nicht, ob er Fluch verbirgt, ob Segen.

Ein Blumenkranz umſchlingt ſein Haupt; — doch ſind
Auch Todtenblumen d'runter, ſüßes Kind!
Sein Wort iſt kurz, gemiſcht aus Kraft und Milde,
Und ſeine Hand malt ernſtere Gebilde.

Doch zage nicht! Viel steht in deiner Macht!
Denn herzlich ist sein Lachen, wenn er lacht,
Und süß sein Wort', wenn du es weißt zu mildern,
Und schöne Scenen steh'n auf seinen Bildern.

Es ist zuletzt nur Probe, — glaub' ihm's nicht,
Blick' ihm voll Lieb' und Zutrau'n in's Gesicht,
Zerreiße kühn der Ahnung düst'ren Schleier,
Und mache deinen Gatten dir zum Freier!

III. Dichtersorge.

Es ist ein unerklärbar' Drängen,
Ein nimmersatter Trieb der Brust,
Sich auszuhauchen in Gesängen,
Der Welt zu beichten Schmerz und Lust.

Man sehnt sich oft nach einer Pause,
Nach einer stummen Lebensrast;
Man will einmal im eig'nen Hause
Mehr seyn als nur ein flücht'ger Gast.

Man will der Zauberwelt vergessen,
In die man einen Blick gethan,
Und seine Zeit nach Freuden messen,
Die mehr sind als ein schöner Wahn!

Umsonst! es läßt uns nicht zufrieden,
Und neckend klingt's an unser Ohr:
„Du wähnst dir schon den Kranz beschieden?
„Du träumst dich schon am Ziele, Thor?

„Glaubst du, es sey so leicht errungen,
„Mit ein paar Liedern sey's erstrebt,
„Das Glück, der Trost: auf tausend Zungen
„Zu leben, wenn man nicht mehr lebt?

„Betreten haſt du kaum die Gränze,

„Das ganze Land liegt erſt vor dir:

„Es blüh't in ſeinem vollſten Lenze!

„Wann Herbſtluft weh't, dann ſieh' dich für! —"

O wüßt' ich einen Freund zu finden,

Der mir es ſagte, wann es Zeit! —

Wir ſind für uns die ewig Blinden:

Der Herbſt erſcheint, — wir ſeh'n ihn weit!

Dem wollt' ich's danken, der mir ſagte:

„Freund, nun laſſ' ab, — du biſt am Ziel'!'

„Der Dichterlenz, der für dich tagte,

„Verglomm: — die Lüfte wehen kühl!"

Gern zög' ich dann mit meiner Habe

Zurück mich an den ſtillen Herd,

Und zehrte ruhig von der Gabe,

Die mir das Leben milb beſchert.

Froh ſäh' ich dann den Herbſt entſchwinden,

Und zagte nicht vor'm Winter mehr:

Wie herrlich iſt es: überleben;

Sich überleben — ach! wie ſchwer!

Eduard Silesius.
(Wien.)

Der Gefangene.

I.

Vier' Nachbarleute sitzen im Schank' bei Bier und bei Wein
Und frohem Gespräche beisammen: wer mag wohl der Fröh-
lichste seyn?
Das ist ein junger Geselle mit Wangen voll Rosengluth,
Mit Augen, wie funkelnde Sterne, ein Bursche voll Kraft
und Muth.
Und sollt' er nicht schwelgen am Leben? Er ist ja reich und
gesund,
In Allem, was er beginnt, steht mit ihm das Glück im
Bund',
Und morgen wird am Altare das schönste Bräutchen ja sein,
D'ran denkt er behaglich und schlürft mit hastigen Zügen
den Wein.
Da flüstert ein neid'scher Geselle: „Und ist dir dein Bräut-
chen auch treu?"
„„Was meinst du?"" — „Lang' hört' ich's munkeln: Sie
liebt nicht das Einerlei,

Und heute hab' ich gesehen, wie hinter'm Hause sie stand,

Mit Friedrich, dem Nachbarsohne, — da kos'ten sie, Hand
in Hand;

Da kos'ten sie, Lipp' an Lippe.") — Das wird dem Bur=
schen zu viel —

Aufspringt er und stößt mit dem Messer und — trifft zu
glücklich in's Ziel,

Das Messer sitzet im Herzen. In Strömen, blutigroth,

Entschwindet des Spötters Leben. — D'rauf setzt das Ge=
setz — den Tod.

In mitleidloser Milde übt — Gnade der Richterspruch:

Er soll nicht sterben, soll leben, das Leben ist Gnade genug!

In unterirdischem Kerker soll enden sein Lebenslauf,

Wie lang' auch sein Faden sich spinne, nie thut sich sein
Kerker mehr auf.

Ach, alle die goldenen Fäden, woran das Leben ihn hält,

Sind abgerissen mit einmal, vorbei ist's für ihn mit der Welt!

Noch hört er weinen das Bräutlein, stets schwächer, jetzt
wird's um ihn stumm;

Noch sieht er leuchten das Tageslicht, jetzt dämmert's, jetzt
Nacht ringsum.

„O Leben!" so ächzt er — „o Leben!" — Da umflort
ihn innere Nacht —

Kein Auge sah sein Erwachen, als jenes, das droben wacht.

So spann sich sein elend' Leben dahin, wo es nimmer tagt,

Das Leben des Wurms im Sarge, der stumm an der Leiche
nagt.

II.

Es brannten wohl vierzig Sommer vom Himmel, sengend
heiß;

Es starrten wohl vierzig Winter mit ihrem Schnee und Eis,

Die Freien, die Frohen, sie starben, ein neues Geschlecht
wuchs auf —

Lebendig blieb der Begrab'ne im schleichenden Zeitenlauf.

Lang' ist vergelbet der Rasen hoch über dem Bräutelein —

Nicht eine Seele mehr athmet, die mehr gedächte sein.

Er gleicht dem Irrwischschimmer, der dem Eichensarg' noch
entblinkt,

Eh' er in letzter Verwesung in Moderstaub versinkt.

Da dröhnt es „Gnade!" „Gnade!" vom Himmel des
Throns herab,

So mächtig, daß Riegel und Kette zerbersten und Gitterstab.

Es starb ein alter Herrscher — bei seinem Krönungfest'

Der Erbe die armen Sünder aus ihrem Verließ' entläßt.

Wohl tausendstimmiges Jubeln durchlärmt die fröhliche Stadt,

Eh' noch des Alten Gefängniß der Wächter entriegelt hat.

Er liegt in seinem Winkel. Der Wächter ruft: „Du bist
frei!"

Doch leblos liegt der Alte, als ob's nicht er selber sey.

Da faßt ihn der Wächter am Arme und zieht ihn in's Freie
hinaus.

Sein Auge zittert im Lichte — bald liegt er starr vor dem
Hauß.

Als wiederkehrt das Bewußtseyn, da schluchz't er: „Da
oben ist's fremd,

Da oben wird mir der Busen von tausend Foltern beklemmt!

Ich kann dich nicht tragen, o Freiheit! Ach mich zerquetscht
deine Last! —

Noch einmal zum Grabe der Liebsten, dann gönnt mir den
Kerker zur Rast!" —

Er kroch zum Grabe der Liebsten; dann kroch er zum Ker=
ker zurück:

Das Licht, das Leben, die Freiheit, nicht ferner ertrug sie
sein Blick.

Er kroch in den finstersten Winkel, er sank auf sein fau=
lendes Stroh:

„Löscht aus das Lämpchen," so schluchzt' er, und lag —
bis sein Odem entfloh.

E. Straube.

(Wien.)

I. An mein Vaterland.

(Als Vorwort vaterländischer Sagen und Mährchen.)

O Vaterland, wer dich verlor,
Wird nimmer froh, wie eh'bevor;
Er ließ ja einst sein schönstes Glück,
Die Jugendlust, in dir zurück.

Wo meiner Kindheit Wiege stand,
Dahin ist oft mein Blick gewandt,
Und sucht, wo jene Berge blau'n,
Der Heimath nie vergeß'ne Au'n.

Dann regt sich in der Seele was,
Es tritt zum Auge warm und naß,
Und ferne Tage, grün und jung,
Erscheinen der Erinnerung.

Gebeugt auf meiner Amme Schooß,
Aufhorchend starr und odemlos,
Ward von dem sagenreichen Mund'
Mir manch' ein ernstes Mährlein kund.

Von alten Burgen, alten See'n,
Von Rittern, Drachen und von Fee'n,
Von Geistern und noch allerlei
Vernahm ich hochentzückt dabei.

Die Amme saß, erzählte, sann,
Die Stunde und die Nacht verrann,
Wie Tag um Tag so leicht vergeht,
Wenn Frühlingshauch uns noch umweht.

Die bunten Bilder sind verrauscht,
Für neue, bunt're, eingetauscht,
Die alte Amme schläft schon tief
Und manch' ein schweres Jahr verlief.

Aus Dämmerfernen leuchtet nur
Der süßen Jugend bleiche Spur,
Und schlürfst, wenn Gegenwart mich läßt,
Nachfeiernd der Erinn'rung Fest.

Aus jener fernen, guten Zeit
Wird manches Bild mir dann erneut,
Halb Reden gleich, halb wie Gesang
Erwacht im Ohre trauter Klang.

Der Kindheit Sagen werden neu:
Der Lindwurm droht, es herrscht die Fei,
Und Wunder aller Art gescheh'n,
Wie einst mein Auge sie geseh'n.

Beglückt und froh wie eh'bevor
Horcht dann mein langentwöhntes Ohr;
Es fühlt das Herz, von Luft beschwingt,
In Ahnungschauern sich verjüngt!

Du meiner Jugend Paradies,
Das ich mit Thränen einst verließ,
Leb' mir, nach bitt'rer Jahre Lauf,
In diesen Blättern wieder auf!

II. Mitternacht.

Nicht mehr ferne ist die Stunde,
    Die mein liebend' Herz ersehnet;
Hat der Glocke süße Kunde,
    Liebchen, nicht auch dir getönet?
Hat mein Bräutchen nicht bedacht
    Uns're Lieb' und Mitternacht?

Gleich dem leisen Klang' der Laute
    Durch die Nacht, so mich umdüstert,
Hör' ich, wie zu mir die Traute
    Holde Sehnsuchtgrüße flüstert,
Und ich lispIe kosend=sacht:
    Uns're Lieb' und Mitternacht!

Laß der Geister Reigen walten;
    Mir erscheint ein Bild des Schönen
Unter diesen Spukgestalten,
    Und nur Eines hör' ich tönen
Durch des Sturmwind's tolle Macht:
    Uns're Lieb' und Mitternacht!

Stiller Liebe ist es eigen,
    Lust sich von der Nacht zu borgen;
Schweigt die Welt, sie kann nicht schweigen,
    Klagt dem Dunkel ihre Sorgen,
Seufzet, bis der Tag erwacht:
    Uns're Lieb' und Mitternacht!

III. Der letzte Barde.

(Historisch.)

Prachtgewande, sternbeschwert,
　　Stehen um den Sänger lauschend,
　　Der in tiefem Sinnen, rauschend,
Durch der Harfe Saiten fährt!

„Laß," so spricht ein edler Lord,
　　„Laß doch in der Heimath Weisen
　　Munter deine Lieder kreisen;
Gönn' uns Irland's Ton und Wort!"

Und der Barde, ernst gebeugt,
　　Greift an seine Harfe schütternd,
　　Daß es wie ein Wehruf, zitternd,
Aus den gold'nen Saiten steigt.

„Ei," so unterbricht der Graf:
　　„Heit're Klänge mußt du bringen,
　　Wie sie Irland's Barden singen;
Denn dies Volk ist froh und brav!"

Und der blinde Sänger hebt
　　Wieder an die ernsten Töne,
　　Während eine warme Thräne
Aus dem todten Auge bebt.

„Wohl sind Irland's Völker so:
  Brav, wie überall zu lesen;
    Aber ach, ihr Herr'n, gewesen
Sind sie glücklich, sind sie froh!

Leiden gabt ihr ohne Zahl
  Diesem biederen Geschlechte,
    Nehmt ihm seine schönsten Rechte:
Freien Glauben, freie Wahl!

Irland's Kinder sind verwais't
  Unter tausendfachen Peinen;
    Irland's Barde darf nur weinen,
Thränen denken nur sein Geist!

Nehmt die Last ihm von der Brust,
  Gebt dem Lande Freiheit wieder;
    Jauchzen werden seine Lieder,
Doch nicht Sclaven ziemet Lust! —

Während so die Klage warb,
  Leerte sich's im Saal vollkommen;
    Später hat man dann vernommen,
Daß der Barde einsam — starb.

Prof. W. A. Swoboda.
(Prag.)

Legenden.

I. St. Georg.

Auf hohem Felsen ein Fräulein stand,
In Ketten geschmiedet Fuß und Hand.

Sie schaut mit trübem Blick' hinans,
Die Arme umdräuet Todesgraus.

Im Thal ein scheußlicher Lindwurm kreucht,
Vor dessen Anblick, was lebt, entfleucht.

Jetzt windet er sich den Fels hinan;
Weh! weh! um die Arme ist's gethan!

Was hast du verschuldet, unsel'ge Maid,
Daß sie dich dem gräßlichen Molche geweiht?

„Ach schuldlos traf mich so harte Noth,
„Schuldlos erleid' ich den Schreckenstod!

„Mein Vater, der König, in Thränen schwimmt,
„Daß so gräßlich' Geschick sein Kind ihm nimmt,

„Daß ein Raub des Drachen ich werden soll,
„Zu sühnen feindlicher Götter Groll! —"

Und größer und größer wird ihre Noth,
Und näher und näher der Drache droht.

Ein Ritter reitet vorbei im Thal';
Wie glänzt in der Sonne der Rüstung Stahl!

Da fällt der Schein in des Unhold's Blick,
Der bebt erschrocken davor zurück.

Der Schein in des Fräuleins Auge fällt,
Das wird von freudiger Hoffnung erhellt. —

„Um der Götter willen erbarm' dich mein,
„O rette mich, Held, aus der Todespein! —"

Muth, Königskind! Wer frei von Schuld,
Den schützet und wahret des Himmels Huld!

Ganz nah', ganz nahe der Drache schon droht,
Schon faßt die Arme, schon faßt sie der Tod.

Da prallet mit Macht des Ritters Speer
Dem Lindwurm' jäh an die Schuppenwehr.

Das Unthier kehrt sich voll Muth zum Kampf',
Ansprüht es den Ritter mit giftigem Dampf'.

„Gott stehe mir bei in diesem Strauß,
„Laß mich obsiegen dem Höllengraus! —"

Und ob sich bäumet und sträubet das Roß,
Er schwinget den Speer zu neuem Stoß'.

Jetzt packt ihn mit wildem Ungestüm,
Jetzt bäumt sich und schäumet das Ungethüm.

Jetzt hoch es den schuppigen Leib noch reckt,
Jetzt liegt es am Boden langgestreckt. —

„Du hast mich erlöset aus Todesnoth,
„Dein bin ich, o Held, nun bis in den Tod!

„Und der Vater, er grüßt dich wie einen Sohn,
„Den Retter des Kindes auf hohem Thron'! —"

„„Nicht heisch' ich, o Jungfrau, irdischen Lohn,
„„Ich habe verlobt mich dem Gottessohn'!

„„Doch wandelst du noch im heidnischen Wahn';
„„So laß mich schöneren Lohn empfah'n:

„„Den wahren Gott am Sonnenthron',
„„Den Geist und den menschgewordenen Sohn,

„„Ihn, den Dreieinen, bete an;
„„Er hat durch mich dies Wunder gethan! —""

Die Jungfrau weiht sich dem Gottessohn';
Das war dem Helden der schönste Lohn.

Ab schwört die Götzen das ganze Land,
Allwärts das heilige Kreuz erstand.

Sanct Görge war es, der edle Held,
So den Höllensohn, den Drachen, gefällt,

Sanct Görge war es, der Gottesmann,
Der Christo die Maid und ihr Volk gewann.

II. St. Antonius von Padua.

Aus seiner stillen Zelle im strengen Ordenshaus'
Der fromme Mönch Antonio sieht in die Welt hinaus.
Wie sonnenhell ist's draußen, wie licht des Himmels Blau,
Und durch die langen Gassen was bietet sich für Schau!

Da schreiten ernst die Männer, rasch hüpft des Jünglings
Fuß,
Da schreiten würd'ge Frauen, und Jungfrau'n lächeln Gruß,
Und allwärts regt sich's munter, es wogt die Menschenfluth,
Und heiter lacht das Leben, in kräftig hohem Muth.

Da springen munt're Knaben, und Mägdlein hüpfen dort,
Die Mutter mitten inne, sie warnt mit sanftem Wort':
Wenn allzulaut die Freude, daß sie nicht wird zum Schmerz',
So wahrt der lieben Kleinen das treue Mutterherz. —

„O sel'ge Lust der Kinder! O sel'ge Aelternlust!
„Ach selig! wer ein Kindlein drückt an die warme Brust,
„Wem lacht ein Kindesauge, so ruhig, engelmild,
„Wer sieht im Kindesantlitz' sein schuldlos' Ebenbild!

„Doch ich; ich muß sie missen, die höchste Menschenlust,
„Ich darf kein Wesen drücken in Lieb' an diese Brust,
„Ich werde nimmer wiegen ein Kind im Vaterarm',
„Ich wand'le durch das Leben allein und liebearm.

„Und daß ich also klage; ist's nicht schon schwere Schuld?

„O geh' nicht zu Gerichte mit mir, Du ew'ge Huld!

„Du hast dies warme Sehnen gepflanzt in's Menschen=
herz,

„Wenn ich entsagend weine, Dir ist kein Gräu'l der Schmerz.

„Doch, den ich mir erkoren, Kraft heischet der Beruf,

„Die vollste Kraft der Seele, die Gott im Menschen schuf,

„Und Kraft erlahmt im Schmerze, wie sie der Lust er=
liegt;

„Und wer nicht mannhaft kämpfte, hat nimmerdar gesiegt.

„D'rum, starker Gott, verleihe dem Schwachen Deine Kraft,

„Dies Sehnen, laß mich's zügeln, eh' mir's den Sieg ent=
rafft,

„Daß ich mich Dir nur weihe, nur lebe Deiner Pflicht,

„Als Irdisches bezwingend, o sende mir Dein Licht!" —

Und wie er also betet und mit dem Herzen ringt,

Da — horch! — welch' lieblich' Tönen in seiner Näh' er=
klingt!

Des Himmels Balsamdüfte durchzieh'n die stille Zell';

Und wie von tausend Sonnen umstrahlt's ihn himmelhell.

Und sieh'! — wie es empfangen der Mutter Freudekuß,

Wie's dort in dürft'ger Krippe empfing der Hirten Gruß,

Die Huldigung der Weisen aus fernem Morgenland',

So schwebt das Jesukindlein her auf Antonio's Hand.

Und lächelt ihm so freundlich, schaut ihn so huldvoll an; —
Da ist dem frommen Priester der Himmel aufgethan,
Er hält in seinem Arme des ew'gen Heiles Hort,
Und also spricht zum Sel'gen das menschgeworb'ne Wort:

„Weil er so zart und menschlich, so heil' ich deinen Schmerz,
„Du sehntest dich, ein Kindlein zu drücken an dein Herz;
„Weil nun so fromm dein Sehnen, komm' ich vom Him=
                                        melsthron',
„Magst an dein Herz dann drücken des ew'gen Gottes Sohn.

„Und wahre Vaterfreude, die höchste Vaterlust,
„Sie soll dir nicht verwehret, nicht fremd seyn deiner Brust.
„„Kommt her zu mir, ihr Kleinen!"" denk' an dies eine
                                        Wort,
„Es deut' von Vaterfreuden dir einen reichen Hort.

„Wenn zarten Kinderseelen du zeigst der Wahrheit Licht,
„Die gottgesandte Lehre, den Pfad der heil'gen Pflicht,
„Wenn du durch Wort und Thaten sie führst zum Him=
                                        mel ein,
„Dann wirst du ihres Heiles dich wie ein Vater freu'n.

„Du hast mit reinem Herzen dich meinem Dienst' geweiht,
„Hast fromm und treu gerungen in diesem schweren Streit';
„Es soll der Sieg nicht fehlen jungfräulich frommem Sinn',
„Als Pfand und Preis des Sieges, die Lilie, nimm sie
                                        hin!" —

Wie flammt Antonio's Auge von hoher Himmelslust!
Den Sohn des ew'gen Vaters hält er an seiner Brust;
Gestillt ist all' sein Sehnen, seit er ihn hält im Arm',
Die Welt mit allen Wonnen, wie dünkt sie ihm so arm!

Aus seiner stillen Zelle im strengen Ordenshaus'
Blickt selig stillen Herzens er in die Welt hinaus.
„Kommt her zu mir, ihr Kleinen!" — Er ruft's mit from=
mem Sinn',
„Ich führ' den Weg des Heiles euch zu dem Vater hin."

Gestärkt ist seine Seele, geheilt ist jeder Schmerz,
Geadelt ist sein Leben, geläutert ist sein Herz,
Ihm naht nicht irdisch' Sehnen, nicht Erdenlust fortan;
Wer trug den Sohn des Himmels, gehört dem Himmel an.

Friederike Susan.
(Ried.)

Erdenloos.

Nie kann der Mensch auf seine Scholle bauen,
    Das kühne Spiel hier mit dem Glücke wagen,
    Sich einmal frei vom blinden Zufall' sagen,
    Nie einer schmeichelnd süßen Hoffnung tranen.

Sein Ideal kann er nur träumend schauen,
    Entschwunden ist's, beginnet es zu tagen;
    Es hilft kein Sehnen ihm, kein schmerzlich Klagen,
    Auf seinen Muth muß er allein vertrauen!

Ob ihn zum Herrscher das Geschick erkoren,
    Ob seiner Hände Fleiß ihn mühsam nähre,
    Ihn stilles Dunkel oder Glanz umweben: —

Sein Antheil Leiden geht ihm nie verloren,
    Weil nur im Kampfe sich die Kraft bewähre,
    Und weil aus stättem Tode keimt das Leben. —

Friedrich Treitschke.
(Wien.)

Gespräche mit Bäumen.
I. Weide.

Von jener Trauerweide
Schnitt ich ein Zweiglein ab;
Und pflanzt' es in die Erde,
Auf meines Freundes Grab.

Ich sah ihn froh und kräftig
Im Lebenslenze geh'n;
Mich sollt' er hergeleiten,
An meinem Grabe steh'n.

Doch ihn umfängt der Hügel,
Der Zweig auch ist verdorrt.
Ich aber schleiche weinend
Zum Weidenbaume fort.

Und sag' ihm: Du, mein Trauter,
Hast gleichen Schmerz mit mir.
Die Jugend mußte welken,
Wir Alten sind noch hier.

II. Akazie.

Akazie lockte mich zu ihr,
Im Mai, zur Abendstunde,
Und lispelte: „Du siehst in mir
Die schönste Zier der Runde.“

„Betrachte meiner Blüthen Heer;
Genieß' ihr würzig' Düften,
Der Fächerzweige dunkles Meer,
Wie wogt es in den Lüften!“

„Viel hundert Käfer küssen mich,
Gepaart im weichen Laube,
Und tausend Bienen nähren sich
Vom süßen Honigstaube.“

Ich sprach: Akazie, harre nur
Noch wenig Frühlingstage,
Dann kehr' ich wieder auf die Flur,
Daß ich dir Antwort sage.

So führet mich mein Wort hierher,
Doch alle Blüthen fielen.
Und keine Bienen beuteschwer,
Und keine Käfer spielen.

Die Sonne sengte Laub und Holz;
Den Flammen wird's vermählet. —
O wie verwerflich ist der Stolz,
Der nur auf Schönheit zählet!

III. Buche.

Zwei Namen grub ich tief in eine Buche,
Als ewig treuer Liebe bindend' Wort.
Nun ich den Hain nach kurzem Jahr' besuche,
Ist fort der Baum, und Gras umwächst't den Ort.

Nicht traur' ich, daß der glatte Baum gestorben,
Auf dem man glatter Worte Räthsel las.
Auch ihre Schwüre sind im Jahr' verdorben,
Und über Lieb' und Treue wuchs das Gras.

IV. Birke.

Herrlich bist du aufgestiegen
Aus des Berges trock'nem Grund',
Seht des schlanken Stammes Wiegen,
Und die zarten Zweige fliegen,
Sanft geküßt von Zephyrs Mund.

Also gleicht dein Loos dem Loose,
Das uns Poesie gewährt.
Wachse, strebe fort in's Große,
Mit dem Fuß' im Erdenschoße
Und das Haupt im Licht' verklärt!

Doch — da kommt ein Frevler eben,
Bohrt dich an und zapft den Saft;
Widerwillig mußt du geben,
Was du selber brauchst zum Leben,
Deiner Jugend erste Kraft.

Diesem folgt ein zweiter Sünder,
Nützt sein Privilegium.
Aus dem Dorf' der Meister Binder,
Schneidet ab gerade Kinder,
Zwinget sie zu Reifen krumm.

Mit noch größ'rem Uebermuthe
Holt der Dritte gar dein Reis.
Aus dem letzten schwachen Gute
Knüpft er eine Zauberruthe
Für die Sitten, — für den Fleiß.

Jener hat den Geist genommen,
Und zu schalem Trank filtrirt:
Der dein Treiben krumm genommen; —
Dieser dich zu Jugendfrommen
Excerpirt und applicirt.

V. Flieder.

Fern im Garten steht ein Flieder,
Welcher Blüthen reichlich trägt,
Unbeachtet, ungepflegt,
Beugt der Blüthen Zahl ihn nieder.

Aber eine nahe Rebe
Stützt und theilet seine Last.
Innig hält sie ihn umfaßt,
Daß er sich gestärkt erhebe.

Gärtner, der das Regelrechte
Nach gezog'ner Schnur bewahrt,
Haßt der Beiden freie Art,
Will zerstören ihr Geflechte.

„Gnade, Gärtner!" hör' ich flehen:
„Was Natur zusammenflicht,
Trenne Menschenfrevel nicht!
Laß der Liebe Werk bestehen!"

VI. Unter einer Eiche.

(Im Rosenthale bei Leipzig, Juli 1836.)

Ich bin bei dir, ich halte dich umschlungen,
Du Freundin aus entfernter Jugendzeit!
Nach langen Jahren ist es jetzt gelungen,
Nach mancher Lebensstürme heißem Streit',
Daß ich zur theuren Lindenstadt gedrungen,
Zur Erde, die Erinn'rung heilig weiht.
Sie war das Ziel, die Ruh'statt wack'rer Ahnen,
Und mir der Anfang vorbestimmter Bahnen.

Hier wandelt' ich, inmitten der Geschwister,
Das Thal entlang, wo freundlich Gohlis lacht.
Hier lagerte der Knaben bunt Regifter,
Und bot verweg'nen Gegnern blut'ge Schlacht.
Bis, mit der Pfeife drohend, der Magister
— Auf fünf Minuten — ew'gen Frieden macht.
Dann brachen wir uns Laub von deinem Laube,
Und schmückten siegreich Fahne, Hut und Haube.

Mein Schicksal zog mich bald zum Schweizerlande,
Rings sah ich tausend Wunder aufgestellt.
Doch unzerstörbar, ewig sind die Bande,
Womit die Heimath ihre Kinder hält.
Gewalt'ger klang ein Ruf vom Pleißenstrande,
Als Alpenhorn und Lied der Gletscherwelt,
Ich kam zurück, — um wieder fern zu gehen, —
Stets aber hab' ich dich mit Lust gesehen.

Und ob mir freundlich viele Städte waren,
Und ob ich munter manches Reich durchschnitt,
Ob ich zuletzt, verändert von den Jahren,
Im Seyn und Fühlen selbst Veränd'rung litt,
Doch immer zog mich zu den alten Laren,
Zu dir, mein Baum, der müde Pilgerschritt...
Dich aber sah ich, wie in frühen Zeiten,
Gesund und stark die Andern überbreiten:

So treibet heut' entwohnte Jugendschnelle,
Von Sehnsucht rasch beflügelt, mich zu dir.
Doch wie verändert ist die sonst'ge Stelle,
Wohin der Wildniß zaubervolle Zier?
Die grüne Dämm'rung ward zur Tageshelle,
Und Hügel oder Gruben wechseln hier!
Wo sind die Nachbarstämme, die Verwandten,
Die grünend, zahlreich, dir zur Seite standen? —

„Sie sind nicht mehr! Darfst du nach ihnen fragen?
Hast du der Mitgebor'nen Kreis geseh'n?
Nur Wenig' werden aus entschwund'nen Tagen,
Doch Vieler Grabeshügel vor dir steh'n.
Und wie man Jene schon zur Ruh' getragen,
So müssen Beide wir auch schlafen geh'n!
Versuche du, in Liedern fort zu leben;
Ich will der Nachwelt Sarg und Wiege geben!"

Ritter Adolf von Tschabuschnigg.

(Klagenfurt.)

Die Lairds von Cath.

Ballade.

I.

Habt ihr Platz auf Schottlands Throne?
Robert, David! Wahl ist Muß:
Alles theilt sich, doch die Krone
Beut nur Einem Vollgenuß.

Und sie schau'n mit neib'schen Blicken
Einer auf des Andern Pracht,
„Mir gehört die Hälfte, rücken
„Sollst du dich am Stuhl' der Nacht!"

Schnell erwächs't das Wort zu Thaten,
Ohrenbläser sind nie müd',
Drohend zieh'n sie, kriegberathen,
Der nach Nord und der nach Süd.

Kampffroh folgen ihre Clane,
Blutig lodert bald der Krieg:
Schottland dien' nur einem Manne,
Und den Einen wähl' der Sieg!

Ernsten Sinnes bei Culloden
Steht des Königs Robert Macht,
Morgen rauscht von Blut der Boden,
Eine Krone sinkt in Nacht.

„Wollt die Sporen ihr verdienen,
„Edler Junker, Laird von Cath,
„Eilt zum Feind' und bringt von ihnen
„Kunde, eh' der Morgen naht!"

Muthig hüllt in's Plaid des Kriegers
Sich der Junker: „noch vor Tag
„Kehr' ich heim, das Schwert des Siegers
„Geb' mir dann den Ritterschlag!"

Und er geht; in Nacht entschwunden
Ist er; Muth bezwingt das Glück,
In der Dämm'rung früh'sten Stunden
Sprengt ein Reiter jach zurück.

Junker Cath ist's, eine Krone
Trägt er hoch in stolzer Hand:
„Er ist todt, nur eine Sonne, —
„Einen König hab' das Land!"

Nah' und ferne hört man schallen
Hörnertöne, Krieger zieh'n.
„Laßt den Ersten mich von Allen,
„Mich, den Treu'sten, vor euch knien!"

König Robert frohen Blickes
Setzt auf's Haupt der Krone Hort,
Zieht sein Schwert, im Glanz' des Glückes
Denkt er an's gegeb'ne Wort.

Schwingt nach Osten und nach Westen
Ernst und feierlich das Schwert:
„Nehmt die Sporen, und bei Festen
„Wie im Kampf' seyd ihrer werth!"

„Und zum Zeichen selt'ner Treue,
„Also sey's hinfür gethan,
„Nehm' Laird Cath des Ritters Weihe
„Nur von einem Stuart an!"

II.

Königswort weiß fest zu binden,
Der Verheißung folgt die That,
An des Stuart's Thron' zu finden
War nun stets ein Lord von Cath

In des Glückes gold'nem Schimmer
War des Königs Gunst sein Lohn,
Ging's selbst zum Schaffotte, nimmer
Wich des edlen Hauses Sohn. —

Wild verzweifelnd von Culloden
Flieht der Stuart letzter Sproß',
Edlen Blutes raucht der Boden,
Das er, ach! umsonst vergoß.

Und die Schaar, die jubelnd grüßte,
Als er kam, ist todt und floh,
Keine Zuflucht, die er wüßte,
Keine Rettung irgendwo.

Aber Einer gold'nen Haares,
Noch ein Jüngling, schwächlich nur,
Sprengt daher und mit des Aares
Blick sucht er des Flüchtlings Spur.

„Jubel! daß ich euch getroffen,
„In der Schlacht mein Vater fiel,
„Noch ein Weg ist, e i n e r, offen,
„Folgt, ich führ' euch an das Ziel!"

Durch's Gebirg', und durch der Treue
Stille Wohnung ging die Bahn,
Endlich grüßte sie der freie,
Rettungsvolle Ocean.

„Sprich, wer bist du?" König fragt es,
„Jung an Jahren, Mann an That!"
„Euer Herz befragt, und sagt es
„Euch denn nicht: ein Laird von Cath!"

Fromme Thränen in dem Blicke
Schaut der l e t z t e S t u a r t hin:
„Bleibt denn nach gesunk'nem Glücke
„Noch die Trene frisch und grün!"

„Hab' kein Land mehr, keinen Degen,
„Flieh' die Heimath schweren Bann's,
„Statt des Schwertschlags nimm den Segen
„Eines armen, armen Mann's!"

Johann Nep. Vogl.
(Wien.)

Der Schelm von Bergen.
Ballade.

I. Der Retter.

Es geht auf öden Wegen, das Antlitz grau und wild,
Ein Mann mit gold'nen Locken, ein kräft'ges Heldenbild;
Das ist der Sohn des Henkers zu Bergen in der Stadt,
Der möcht' was Rechtes werden, er hatt' sein Handwerk satt.

Zu Frankfurt in dem Römer, da giebt's Banket und Tanz,
Hinzogen Herr'n und Damen in festlich stolzem Glanz';
Das hat sein Herz ergriffen, d'rum ballt er so die Hand,
Er weiß, er ist geboren nicht für so schlimmen Stand.

Schon ist es Nacht geworden, Nacht ist's in seinem Sinn',
Noch aber geht er grollend, weiß selber nicht, wohin; —
Horch auf! Welch' gellend Schreien, Hufschlag tönt an sein
Ohr,
Da braust und bricht es schäumend durch Strauch und
Busch hervor.

Zwei wildgeworb'ne Rosse, des Wagens schwere Wucht
Nachschleudernd, schnauben haltlos g'radhin zur Felsenschlucht,
Ein Knecht, in weichem Wamse, versucht die letzte Kraft,
Nicht bändigt er die Rosse, die frei von Zaumes Haft.

Im Wagen aber d'rinnen liegt eine Frau gar bleich,
Die hält ein Mann umschlungen, wie schimmert der so reich,
Er ruft hinaus nach Hilfe mit rollend wildem Blick',
Umsonst, zum Felsenschlunde reißt Beide ihr Geschick.

Doch rasch besonnen flieget, wie ein Gedanke fliegt,
Des Henkers Sohn zum Wagen, der schon zum Sturz' sich
                                        biegt,
Und faßt mit kräft'gen Händen das wüthende Gespann,
Und zwingt es, still zu stehen, fürwahr ein kühner Mann!

Verwundert schaut der Fremde, die Dame noch im Arm',
Auf ihn heraus, die Stirne mit Eins nun frei von Harm,
Der Friedrich Rothbart ist es, eine Krone trägt sein
                                        Haupt,
Und Gella ist die Dame, der Sinne noch beraubt.

Wie kann ich, spricht der Kaiser, dir lohnen deinen Muth?
Gern will die Schuld ich zahlen dir reich mit Gold und
                                        Gut!
Nicht hab' ich Lohn geheischet, der junge Recke spricht,
Und starrt der schönen Gella noch fort in's Angesicht.

So sag', wie du geheißen, weß ist dein Stand, dein Rang?
Da blickt auf ihn der Recke, säumt mit der Antwort lang',
Dann spricht er bitter lächelnd: „erschreckt nicht ob dem Wort;
„Ich bin der Sohn des Henkers!" D'rauf geht er eilig fort.

Verwundert starrt der Kaiser, kalt fuhr's ihm durch's Gebein;
„Nicht schlimmern Standes konnte fürwahr mein Retter
                    seyn!"
D'rauf neigt er sich besorget hinab zu seiner Frau'n:
„Wohl, daß so schlimmen Retter nicht durft' dein Aug' er=
                schau'n!"

II. Die Maske.

Zu Frankfurt in dem Römer, da strahlt's von Glanz
und Pracht,
Da treiben sich die Gäste in bunter Maskentracht;
Da schwankt's von Busch und Reihern, da rauscht's von
Seid' und Samm't,
Da drängt sich Edelknabe und Schenk' in seinem Amt'.

Der Kaiser Rothbart selber, und Gella, schön wie nie,
Durchwandeln dort die Reihen, und Alles blickt auf sie;
Da schallt Musik zum Tanze, da tönen Flöt' und Geigen,
Die Kaiserin will selber beginnen jetzt den Reigen.

Und als sie vor nun schreitet, den Tänzer zu erseh'n,
Fällt ihr der Strauß vom Busen zur Erde unverseh'n;
Rasch hebt da eine Maske den Strauß zu ihrem Fuß'
Und reicht ihn ihr sich neigend mit sittig feinem Gruß'.

Schön Gella nimmt die Rosen und schaut die Maske an,
In Weiß und Blau gekleidet, ein kräftig schlanker Mann,
Da reichet sie die Rechte ihm dar nach kurzem Sinnen:
„Mit dir, du feiner Ritter, will ich den Tanz beginnen.“

Und durch den Saal hin rauschet, bei hellem Klang' und
Schall',
Schön Gella mit der Maske, daß d'rob verwundert All',
Nie hatten noch im Reigen zwei Tänzer sie gesehen,
Die also ad'lig mochten im Sturm' vorüberwehen.

Und Eines frägt das And're: Wer mag der Tänzer seyn?
Das ist der edle Günther, nein, Otto ist's von Len'n,
Und Jedem ist das Inn're von Neugier angefacht,
Denn Keiner mag erkennen den Ritter in seiner Tracht.

Die Kaiserin selber fasset darnach ein stiller Drang:
„Sagt, Maske, euren Namen, ihr seyd gelöst vom Zwang';"
Die Maske aber schüttelt das Haupt und spricht: Verzeiht,
Daß ich ihn euch verschweige, mein Name schafft mir
Leid."

Schön Gella aber dringet nur heft'ger noch in ihn,
Da sinkt er vor die Hohe auf seine Kniee hin:
Und wollt' durchaus ihr's wissen, so folg' ich dem Gebot'!
Und sollt' es mir auch bringen sogleich den schlimmsten
Tod!"

D'rauf löst er ab die Maske: „so seht denn, wer ich bin:
Ich bin der Sohn des Henkers! — Nun schleppt zum Tod'
mich hin!
Ich mußt' noch einmal sehen dies Bild, das Engeln gleich,
Und sollt' ich selber werden zur Leiche blutig, bleich.

Aufschreiend sinket Sella dem Grausen in den Arm,
Versteinert steht der Kaiser! wild tobt der bunte Schwarm:
„Des Henkers Sohn! — O Frevel, ha frecher Bösewicht,
Hinweg mit ihm zum Thurme und dann zum Blutge-
                richt'!"

Doch furchtlos blickt der Jüngling, wie Alles auch voll
                Muth,
Auf Sella, die noch immer in seinen Armen ruht,
Schnell aber rafft sich diese empor, so bleich wie Schnee,
Und ruft: „Behüt' der Himmel, daß also ihm gescheh'."

„Mein hoher Herr und Kaiser, verzeiht dem nied'ren Knecht',
Daß er sich angeeignet so keck des Edlen Recht,
Doch laßt um mich nicht fließen des Allzukühnen Blut,
Wie würde mir auf Erden hinfort mehr froh zu Muth'!"

Der Kaiser aber blickte, von Staunen fast erstarrt,
Schon lange auf den Jüngling, der seines Urtheils harrt,
Dann bricht er los: „Bei'm Himmel, so was ist nicht ge-
                scheh'n,
Seit Sonn' und Mond dort oben in ihren Bahnen geh'n!

„Schon einmal hat der Kecke an uns gelegt die Hand,
Als er uns Zwei errettet vom Sturz' am jähen Rand';
Und nun zum zweiten Male tanzt er nun eben gar
Herum mit meiner Frauen vor meiner großen Schaar."

„So kühner Muth ist eigen nur Wen'gen auf der Welt,
So keck dem Tod' in's Auge sieht wahrlich nur ein Held;
D'rum sey dir auch vergeben, was tollkühn du gewagt,
Frei magst du weiter ziehen, sobald es dir behagt!"

„Doch, daß nicht sey geschändet durch dich und deinen Stand
Die Ehre meiner Frauen, die dir gereicht die Hand,
So knie nur schnelle nieder und nimm den Ritterschlag,
Und bleib so muthvoll immer, wie heut' an diesem Tag'."

„Und daß der Enkel wisse, woher entsproßt sein Stamm,
Und wie den Ahn erhöhet des Muthes schöne Flamm',
So sey es allen Edlen im deutschen Land' bekannt,
Daß du: der Schelm von Bergen hinfort nun seyst
genannt.

Joseph Ferd. Weigl.

(Wien.)

Der ewige Bau.

Mit kräft'gen Wurzeln haft' ich an dem Leben
Und aus den eingesenkten Wurzeln heben
Sich Sprossen jugendlich vom Stamme los:
Für künft'ges Leben ban'n die künft'gen Todten,
So senken von dem Baume der Pagoden
Sich Zweig' um Zweige in der Erde Schooß.

Ein Springborn Fruchtbarkeit, als Baum sich hebend,
Senkt sich als Zweig, der immer neu belebend
Zum Baume wird, fortpflanzend sein Geschlecht;
In seinen Hallen betet der Bramine
Und staunet an, mit andachtvoller Miene,
Der Menschheit Bild im üppigen Geflecht'.

Urväter, schlummernd viele tausend Sonnen,
Ist euer Bild im Strom' der Zeit zerronnen,
Sieht der Bramine euren Ursprung nicht?
In der Geschichte leuchtet eine Sage,
Vom ersten Vater und vom ersten Tage,—
Vom ersten Sonnen=, ersten Sternenlicht!

Aus Nichts erschuf er alle Creaturen,
Von Gott allein trägt nur der Mensch die Spuren,
Ihn hat der Hauch des Ewigen belebt!
Im Geist' — der seines Ursprungs nie vergessen,
Im Geist' — der es gewagt', das All' zu messen,
Liegt Gottes Hauch, der ewig aufwärts strebt.

Du geist'ger Bau, ich seh' empor dich ranken;
Die Zweige, abgesenkt, sind die Gedanken,
Einwurzelnd sich als Aufschwung und als That;
Nur die Geschichte zählt am großen Baue.
Die Säulen fort, bis in die Zeit, die graue,
Wo jener Tempel „„Ich"" den Ursprung hat.

Constant Wurzbach.

(Laibach.)

Lieder an Emilie.

I. Blüthentod.

Die Rose duftet einsam auf der Haide,
　　Und denket schamhaft sich in ihrem Sinn':
„Wo zog doch Zefyr, meines Lebens Freude,
　　„All' meine Lust, all' meine Liebe, hin?"
Da rüttelt es an ihrem Purpurkleide,
　　Nur einen Kuß, die Rose kennet ihn,
Denn Zefyr ist's, der leichtbefußte Holde,
Der sie besucht bei'm späten Abendgolde.

Daß Zefyr sich der Rose Lieb' errungen,
　　Dies sah erzürnt der böse, rauhe Nord;
Er hätte gern die Rose auch umschlungen,
　　Und ihr gemurmelt gern der Liebe Wort;
Da sann der Böse gar, den armen Jungen
　　Hinwegzuräumen durch gewalt'gen Mord;
Und Zefyr kam, als sich das Blau geröthet; —
Da hatte Nord den Jungen schon getödtet!

Doch anch die Rose lag gebrochen nieder,
    Zerrissen war ihr duftend' Purpurkleid,
Und hin zum Strauch' und hin zum nahen Flieder
    So manches zarte Rosenblatt gestreut;
Da brauf't der rachesücht'ge Nord schon wieder,
    Umschlingen will er die geliebte Maid,
Und sieht sie todt, erblicket sein Verderben, —
Ach Gott! man kann wohl auch aus Liebe sterben!

II. Ihre Genesung.

Ein Veilchen starb auf grüner Au',
    Um nimmer aufzublüh'n;
Das Veilchen sank, der Geist entfloh;
    Wo floh der Geist wohl hin? —

Ein Röschen starb, entblättert sank
    Schon tiefer ihre Kron';
Der Geist entschwebt'; wohin, wohin
    Ist wohl ihr Geist entflohn? —

Die Lilie starb, und bleich und welk
    Ihr Glöcklein niedersank;
Der Geist entfloh; wohin, wohin
    Der Lilie Geist sich schwang? —

Krank war mein Liebchen, matt und schwach
    Sah Liebchens Augenpaar;
Die Wange fahl; die Brust sank ein,
    Die einstens Fülle war.

Und wieder blickt ihr Auge frisch,
    Die Wange blüht, es hebt
Ihr Busen rund sich hoch empor,
    Wo für mich Liebe lebt.

Ihr Blüthen, schuld' euch großen Dank!
　　Ihr sanket wohl dahin,
Um eine Blüthe, die fast starb,
　　Mit Leben zu durchglüh'n.

Dein Geist zog, Veilchen, in Ihr Aug'!
　　Dein Geist, o Röschen, schön!
Der Lilie Geist! Ihr Wangenpaar
　　Und Ihre Brust durchweh'n!

III. Beim Scheiden.

Mir starrt das bitt're Abschiedswort im Munde,
 Wenn Hand in Hand gedrückt wir scheidend steh'n;
Denn sie ist da, des Scheidens schwere Stunde,
 Wir wissen nicht, ob wir uns wieder seh'n.
Das Schicksal reißt gewaltig an dem Bunde,
 Und weil wir müssen, lassen wir's gescheh'n;
Und weil wir müssen, wollen wir im Leben
Den letzten Händedruck uns scheidend geben.

Sieh an den Berg mit seiner gold'nen Krone,
 Gehüllt in seiner Wälder grünen Flor!
Wie er sie küßt, die holde Jungfrau: Sonne,
 Wie selig und entzückt er schaut empor;
Ihn störend in des Strahlenkusses Wonne,
 Dringt eine schwarze Wolkenschichte vor;
Und Berg und Sonne, liebend sich in Frieden,
Sind durch die Wolke feindlich nun geschieden.

Sieh an den Strom, der seine Silberwogen
 Durch gold'ne Saatgefilde wälzt dahin,
Bis nun war ungetheilt er fortgezogen,
 Nnn trennet eine stolze Insel ihn;
Und brandend siehst du in geschwungnen Bogen
 Die Wellen am Gestad' vorüberzieh'n;
Die Küste doch, der Strom mag tosend schwellen,
Zurück wirft höhnend sie die Silberwellen.

Doch kurz, nur kurz sind jene Augenblicke,
 Wo Blitze zischen durch der Wolken Nacht;
Und mit gewalt'ger unverhohl'ner Tücke
 Der Donner aus der Wetterwolke kracht;
Die Wolke flieht, mit reinem heitern Blicke
 Vom Blau herab die Sonne wieder lacht,
Und wieder schwelgen in des Kusses Wonne,
Im seligsten Vereine Berg und Sonne! —

Und theilt den Strom die Insel auch und winden
 Die Wogen sich, durch's Felsenbeet empört;
So werden sie doch bald die Stelle finden,
 Wo dann kein Eiland mehr sie feindlich stört.
Und wer, wenn dann die Arme sich verbinden,
 Der Wogen süßes Wonnerauschen hört,
Der lern', wie schwer zu trennen sich auf Erden,
Wie selig doch es sey: vereint zu werden!

Daß unsre Trennung auch so kurz nur wäre,
 Daß unsern Bund krön' baldiger Verein!
Und daß der Liebe ahnungtrübe Zähre
 Getrocknet bald im Auge möge seyn;
Und daß der Liebe Stern aus jener Sphäre
 Stets ungetrübt erschimm're hell und rein!
Welch' Glück entsehnt den himmlischen Genüssen
Ist es, sich ferne treu geliebt zu wissen!

Gedenk' der Tage, die so schnell entschwunden,
    Daß Schmerz darob mein Aug' mit Thränen netzt;
Gedenke mein, gedenkst du jener Stunden,
    Wo ich mit Lust und Schmerzen dich ergötzt!
Vergiß mich doch, gedenkst du jener Wunden,
    Mit denen ich dein edles Herz verletzt;
Der Stunde denk', die uns zuerst vereinte,
Der Stunde denke, da ich liebend weinte!

Und nun leb' wohl, mit schwerem, schwerem Herzen
    Ruf' ich dir zu den bitt'ren Trennunggruß;
Die Zeit ist hin, so reich an Lust und Scherzen,
    An freudigem und heiterem Genuß;
Ich fühle schon der Trennung gift'ge Schmerzen,
    O daß man doch auf Erden scheiden muß!
Doch weil wir müssen, lassen wir's geschehen,
Gäb's ohne Scheiden doch kein Wiedersehen!

IV. Die Thräne.

Könnt' ich wie jene Silberwolke schweben,
    Zög' ich statt ihr, bewegt von Windeswehen,
Ich zöge hin, wo Sie, mein All', mein Leben,
    Und über Ihrem Haupte blieb' ich stehen!

Ach und die eine Seite ließ ich sonnen,
    Im Glanz' des ew'gen Licht's am Himmelblauen,
Um mit der andern in die Flammenbronnen
    Von Liebchens Feueraugen stets zu schauen!

Würd' ich an Ihrer Brust die Rose schauen,
    Die ich Ihr einst voll Liebesgluth gegeben,
Da ließ ich sanften Regen niederthauen,
    Sie sollt' erfrischt den welken Kelch erheben.

Denn diese Rose, an vergang'ne Stunden
    Sollt es Ihr seyn ein zartes Angedenken!
Und sind auch Tage ohne dies entschwunden,
    Sie wird's in diesem Augenblick' mir schenken.

Vielleicht glänzt Ihrem Aug' dann eine Zähre!
    „Doch den Vergeß'nen kann sie nicht beweinen!" —
Nun denn, wenn's auch ein Regentropfen wäre,
    Ach, mir zum Trost', möcht's eine Thräne scheinen!

V. Ihr Haß.

Es hat dein Herz für mich zwar ausgeschlagen,
    Das meine pocht in treuer Liebe fort;
Du bist so froh, wie in vergang'nen Tagen,
    Mein Antlitz ist von Traurigkeit umflort;
Daß du mich einst geliebt, denkst du mit Zagen,
    Daß du mich einst geliebt, dieß ist mein Hort;
Du fluchst der Stunde, die mich dir vereinte,
Ich freu' der Thränen mich, die ich dir weinte!

Ach Huldin! künde mir, was ich verübte,
    Da ich allein es nicht enträthseln kann;
Wenn ich wohl je dein edles Herz betrübte,
    Wie gerne zwar, wie schwer doch litt ich dann;
Denn wie ich dich, du zarte Seele, liebte!
    Dieß sagt mein Herz, mein wundes Herz dir an.
Mein armes Herz! ein Bächlein einst von Freuden,
Und jetzt, ach jetzt ein Meer von Seelenleiden!

Darum leb' wohl, und zürne nicht mir Armen,
    Kann ich dafür, daß Odem schöpft mein Mund?
Kann ich dafür, daß dir mein Herz mit warmen
    Getreuen Schlägen that mein Lieben kund?
Kann ich dafür, daß du dann aus Erbarmen
    Die Hand mir dargereicht zum heil'gen Bund'?
Geliebte! nein, darum laß ab vom Hasse!
Damit nicht tödtend Wahnsinn mich erfasse!

Wie wär' es süß, wenn wir vereinigt wären,
    Ist auch sehr kurz des Lebens herbe Zeit,
Die minder reich an Wonnen, als an Zähren
    In Tropfen Glück, in Eimern Unglück beut;
Ach Seligkeit, wie nur in höhern Sfären
    Sie weilt, verdrängte all' mein herbes Leid;
Ach würdest du zurück dein Herz mir geben,
Dein Sclave wollt' ich seyn mit Leib und Leben!

Vergebens doch, vergebens ist mein Flehen,
    Den du einst liebtest, ach den hassest du!
Die Schwalbe werd' ich wiederkommen sehen;
    Sie kehrt zurück, doch nie mehr meine Ruh'!
Denn deinen Haß kann keine Zeit verwehen,
    Erst dann, klappt einst die schwarze Truhe zu,
Erst dann, wenn von der Welt ich bin geschieden,
Im Grabe erst, da hoffe ich auf Frieden!

Nun lebe wohl, Geliebte, und nur eine
    Minute der Erinnerung sey mein!
Am Jahrestag' (o schönster Tag) als meine
    Und beine Hand sich schlangen zum Verein'!
Dann wall' an meinen Grabeshügel, weine
    Nur eine Thräne, ei ne! wahr und rein,
Daß mit der Thrän' im Augenblau am Grabe
„Ein lebendes Vergißmeinnicht" ich habe.

Sonette an Emilie.

I.

O, heil'ge Liebe! dich will ich besingen,
Dich, holde Göttin, dich, du ewig Schöne,
Dir weihe jetzt ich meines Liebes Töne,
Und will dir so mein kleines Opfer bringen;
Ach doch ehvor die Saiten noch erklingen,
Fleh' dich, des Liebes herrliche Camöne,
Ich an, „daß mich die Huld der Göttin kröne,
So lasse die Sonette mir gelingen!"
Dich, Göttin mit unendlichen Gewalten,
Fleh' ich: „Laß Liebchens Herz mir nie erkalten."
„Du Muse doch, du mögst mich treulich leiten,"
Daß fließend des Sonettes Verse gleiten;
So denn erhört die Göttin auch mein Flehen,
Sie soll, wie's heißt, sich auf's Sonett verstehen.

II.

O Laura, Laura, welche holde Lieder
Hat doch Petrarch von dir so zart gesungen!
Wie hat nach deinem Herzen er gerungen!
Ein Blick von dir gab ihm Begeist'rung wieder,
Und hoch empor mit geistigem Gefieder
Hat in der Dichtung Reich er sich geschwungen;
Und manches Lied, unsterblich schön gelungen,
Sandt' er aus jenen Sfären dir hernieder.
Darf ich dich, Liebchen, meine Laura nennen?
Und auch gleich ihm nach deiner Liebe ringen?
„Ja! deine Laura will ich seyn, ja brennen
Kannst du für mich, in Liedern mich besingen,
Von Lieb' und Gegenliebe kannst du schreiben,
Doch will ich stets nur deine Laura bleiben!"

III.

Der blasse Mond am dunkeln Himmelsbogen
Hat unf're liebe Erde stets zur Seite;
Der Vogel hat den Vogel im Geleite,
Noch ist wohl keiner je allein gezogen;
Den Strand auch küssen tausend Silberwogen;
Der Perlenthau, der morgen so wie heute
Die Wiese schmückt, die blumenreiche, weite,
Wird auch von Halm und Blüthe aufgesogen.
Soll ich bloß einsam seyn in diesem Leben,
Ach Alles ist auf Erden doch verbunden!
„So sollst du einsam, trübes Auge, weinen!"
Dieß letzte sprach ich laut zu mir, daneben
Fragt jemand mich naiv und unumwunden:
„Sie haben deren zwei doch, sollt' ich meinen."

IV.

Gedenkſt du noch der ſchön entſchwund'nen Tage,
Als eng' verbunden waren unſ're Herzen,
Die Zeit an Wonne reich war und an Scherzen,
Und frei von aller Qual und ſonder Klage?
Kein Wunder nun, wenn ich jetzt bangend zage;
Herabgebrannt ſind meines Glückes Kerzen,
Der Wonnebecher iſt gefüllt mit Schmerzen;
Die Unglücksſchaal' ſinkt an der Lebenswage.
Du, Engel, weileſt jetzt in fernen Räumen,
Die du mich einſtens ſo wie jetzt entzücket,
Umſchwebſt mich einzig noch in ſchönen Träumen;
Doch ſo wie Lenz nicht ſtets die Erde ſchmücket,
Und Früchte ſtets nicht winken von den Bäumen,
Werd' ich von Träumen auch nicht ſtets beglücket.

V.

Du zürnest mir, du, die mich auserkoren,
Du haffeft mich, und raubeft mir den Frieden,
Ich werde mit Bedacht von dir gemieden,
Von dir, die Liebe mir so oft geschworen;

Ach Alles, Alles hab' ich doch verloren,
Dich Engel, der mich feffelte hienieden,
Wie traurig hat mein Schickfal sich entschieden,
Ach, Gott, wär' ich nur lieber nicht geboren!

Ich, der dir immer reine Liebe zollte,
Der gern dein Sclave wär' mit Leib und Leben,
Der graufam litt, wenn ihm die Huldin grollte,
Und einzig dir, dir widmete sein Streben!
Ich fleh' dich: lächle einmal nur, ich wollte
Dir taufend Thränen für ein Lächeln geben!

VI.

Frei bin ich, frei! so hatt' ich einst gesungen,
Und kannte damals Schmerzen nicht und Klagen,
Ich schien ein König mir in jenen Tagen,
An Freuden reich, noch immer unbezwungen.

Und jetzt, der ich einst heiter angeklungen,
Wie bin ich jetzt in Fesseln doch geschlagen;
Die Freiheit hat ein Lufthauch fortgetragen,
Und dennoch hält noch Wonne mich umschlungen.

Ja wohl bin ich doch selbst in's Netz gegangen,
Und ließ mich gern von zarten Händen fesseln;
Wie sollt' ich zürnen dann, daß ich gefangen!
Ich dulde gern den Schmerz von Liebesnesseln,
Nach Freiheit trag' ich gar nicht mehr Verlangen,
Denn was ist Freiheit gegen solche Fesseln!

VII.

Die Rose blüht nur einen Lenz, da schweben
Aus ihrem Kelch' die Düfte auf zum Blauen;
Doch nur zu kurz schmückt sie die heitern Auen,
Denn eines Lenzes Dauer ist ihr Leben.

Die Blätter, die sanft schwellend sich erheben,
Erfasset bald des Todes eisig' Grauen;
Die Dornen nur sind noch daran zu schauen,
Die Blätter welk an dürren Halmen kleben.

Und wie es jüngst der Rose ist ergangen,
Erging es meinem Herzen auch, vom Lieben
Sanft aufgeblüht und glühendem Verlangen;
Ach daß die Zeit doch Alles muß zerstieben,
Mir bleichte sie die freudeheitern Wangen,
Der Ros' sind Dornen, mir der Schmerz geblieben!

VIII.

„Zieht auch der Lenz dahin, er kehret wieder,
Mit seinem Jubel, seinem heitern Klange,
Verblüht die Rose, währt es nimmer lange,
Und eine neue senkt ihr Glöckchen nieder;

Verstummt die Nachtigall im nahen Flieder,
Erfreut sie uns doch bald mit frischem Sange,
D'rum, Freund, laß ab von deinem düstern Hange
Und singe wieder seelenvolle Lieder!

Und unterliege nicht des Schicksals Streichen,
Dein Herz der Liebe wieder aufgeschlossen!"
„„Ach gerne, Freund! doch künde mir, wird gleichen
Der künft'ge Frühling diesem, der verflossen?
Wird seine Rose auch so duftend ragen?
Wird seine Nachtigall so selig schlagen?"""

Prof. Joh. August Zimmermann.

(Prag.)

I. Schwimmerlied.

Komm heran, du breiter Fluß
Mit den tausend, tausend Wogen,
Komm mit vollem, wildem Schuß'
Allgewaltig hergezogen;
Millionen, wie ich bin,
Könntest du zusammt verschlingen,
Dennoch will ich, wie ich bin,
Mitten in den Strudel springen!

Dir entgegen geht die Fahrt;
Nebenan das wilde Brausen,
Hoch die Wellen an den Bart,
Unter mir des Abgrunds Grausen:
Hast schon Viele hingerafft,
Droh'st auch mich davonzutragen,
Mit dem Arm', der Schenkelkraft,
Hoff' ich frisch mich durchzuschlagen!

Ei, ihr Klugen, ruft ihr d'rein:
„Wider Strom soll man nicht treiben?"
Wer nicht Muth hat im Gebein',
Wohl, der läßt es besser bleiben.
Hei! du tolle Wasserfluth,
Willst du spielen, lieblich flüstern,
Kühlst mir schlau des Herzens Gluth,
Willst du mir das Aug' umdüstern?

Vorwärts, aufwärts in dem Schwall',
Nicht ist Zeit zu Spiel und Ruhe,
Muße ist in Haus und Stall,
Wogendrang ist keine Truhe;
Hier ist Arbeit meine Lust,
Himmelan den Kopf zu tragen,
Ueber Schlamm und Schaum die Brust,
Ist hier seliges Behagen.

Kommt mir nach mit raschem Sprung',
Warmes Blut ist eingeladen,
Man ist nicht vergebens jung,
Schwimmet wacker, Kameraden!
Sinkt da wer zu tief hinein,
Faßt ihn hurtig bei den Haaren,
Liebt sich jeder nur allein,
Könnte keiner sicher fahren!

Drüben, Freunde; ist der Rand,
Aufwärts zu den alten Rüstern,
Hauchet dort auf festem Land'
Wassergischt aus mächt'gen Nüstern;
Eine Weile ruht im Hauſ',
Streckt zur Erd' die müden Glieder,
Ewig strömt es ein und aus,
Morgen geht's an's Rudern wieder!

II. Aechte Liebe.

Junge, denk' nicht Liebeleien,
Denk' nicht liebesiecher Noth,
Sieh, ob deine Träumereien
Blaß dich färben oder roth!
Engel giebt es, keine Feen,
Keine Götzen, einen Gott,
Zu den Engeln magst du flehen,
Götzen sind des Mannes Spott.

Faßt dich aber einst die Liebe,
Wie der Donnerstrahl den Thurm,
Faßt das Wunder dich der Triebe,
Wie ein gottgesandter Sturm;
Wohl, so sey ein Aetnabecher,
Dem der Kern im Innern glüht,
Der aus tiefstem Flammenköcher
Himmelan die Lohe sprüht!

Ist sie heilig gleich der Nonne,
Ist sie wie der Süden heiß,
Wirbelt sie, wie eine Sonne,
Mond und Sterne, dich im Kreis;
Wohl, so schüttle Freudenschauer
Dir das Mark in dem Gebein',
Weg das Schmachten, weg die Trauer,
Küsse mächtig, sie ist dein!

Aber giebt's Bedenklichkeiten,
Ist's nicht warm, und ist's nicht kalt,
Hat es Häkchen, seine Seiten,
Lachst du bald, und weinst du bald,
Düftelt's gar nach arger Sünde,
Ist dir bänglich, zäh' und weh,
Ist kein Name zu dem Kinde:
Schäm' dich vor dir selbst und geh'!

Geh' und hoff', auf and'rem Boden
Ragt die Alpe, die dich zieht,
Irgendwo da weht der Odem,
Der nach dir wie du erglüht.
Nur ein Wicht ist, der in Hitze
Mit geschwellter Lippe trinkt,
Wo ihm aus der nächsten Pfütze
Farbig Naß entgegenblinkt!

III. Des Menschen Leib.

Ein Tempel Gottes ist mein Leib,
Ein Tempel Gottes Mann und Weib;
Zum lichten Himmel strebt er auf,
Im Sonnengold' erglänzt der Knauf,
Sein Grund ist in der Erde tief,
D'raus ihn der hohe Meister rief.

Es ragt der Mann, des Tempels Thurm,
Sein Glockenhall beschwört den Sturm;
Das Kirchlein lehnt dem Thurm' sich an,
Auf heil'gen Stufen darfst du nah'n,
Und junge Säulen steh'n im Kranz'
Im Sternen=, Mond= und Sonnenglanz'.

Im Tempel d'rinn ist Alles rein,
Ein Opfertisch mit Brot und Wein;
Und frommer Schmuck ist angebracht,
Rings an den Wänden Bilderpracht,
Das Licht fällt hoch vom Giebel ein,
Verklärt den bunten Farbenschein.

Die Bilder alle athmen Gluth,
Begeisterung und heil'gen Muth,
Und was sie deuten, was geschieht,
Auf Gottes Reich sich nur bezieht,
Und mischt den Bildern Spott sich ein,
Gilt er der Sündenschmach allein.

Im Tempel ist ein Lärmen nicht,
Nichts, was die Stille unterbricht,
Gewaltig tönt nur Gottes Wort,
Und füllt mit Gotteskraft den Ort;
Harmonisch strömt die Orgel ein,
Und eint und hebet die Gemein'

Bezwingen muß sein arg' Gelüst,
Was in dem Tempel einig ist;
Und schleichet Krämergeist sich ein,
Da fegt der Herr mit Geißeln rein.
Ihm ist ein Gräuel Eigensucht,
Sein Haus ist keine Mörderschlucht.

* * *

(Wien.)

Lieder vom Lande.

I. Weltliebe.

Menschen liebt man, wenn sie ferne;
Blumen liebt man, wenn sie nah';
Weil sie fern, lieb' ich die Sterne,
Menschen, Blumen, weil sie da.

Liebe, was Natur, die treue,
Keusche Lebensmutter bringt,
Deren Schooß sich ewig neue,
Frische Himmelskraft entringt.

Ob es Sterne, ob es Blüthen,
Ob da Wurm, ob Schmetterling;
Mag vor Haß uns Gott behüten,
Dem kein Wesen ist gering!

II. Ueberall?

Aus der Stube in den Garten,
Aus dem Garten auf das Feld,
Und von da, was soll ich warten?
Durch die Wälder in die Welt!

Ueber Berge in die holde
Welt voll Lebensherrlichkeit,
Neuem Morgensonnengolde
Zu und neuer Abendzeit!

Also ruf' ich jeden Morgen,
Wenn die frische Morgenluft
Aus dem Kerker meiner Sorgen
Mich in's freie Leben ruft.

Doch da sagt mir eine Stimme,
Die beschwichtigt meine Qual:
O den höchsten Berg erklimme,
So wie hier, ist's überall!

III. Vor einem Ungewitter.

Vöglein, traut zu sehr, den Schwingen
Nicht, es zieht ein Sturm heran;
Jetzt ist keine Zeit zu singen!

Flieht in eure sichern Zweige,
In der Brust ein still' Gebet;
Und die Lebenskehle schweige!

Denn der Tod kommt angezogen,
Hundert Blitze schwingen sich
Von der Himmelsstirne Bogen.

Gold'ne Schlüssel sind sie alle,
Für das Thor der Ewigkeit,
Oeffnen es im Donnerschalle.

Menschen falten, dies bedenkend,
Stumm die Hände auf der Brust,
Demuthvoll die Häupter senkend.

IV. Während des Gewitters.

Während noch der Himmel grollt,
Und sein ew'ger Donner rollt,
Strömt sein warmer Thränenregen
Auf das Land herab voll Segen.

Wenn gestillt des Sturmes Wuth,
Und verkohlt der Blitze Gluth,
O wie fließen fromm zusammen
Strahlen dann als Opferflammen!

Buche wirft sich hin und her,
Ward im Herzen ihr so schwer;
Denn ihr Gott, der unergründet,
Hat im Donner sich verkündet.

Aber eines ahnet sie,
Daß sie nächsten Morgens früh
Mit den Tannen und den Erlen
Reich an tausend Himmelsperlen.

V. Nach dem Gewitter.

Holde Rosen, guten Morgen,
All' ihr Blumen, guten Tag!
Seyd ihr alle mir geborgen,
Unverletzt vom Wetterschlag'?

Falter flattern hin und wieder,
Helfen zählen mir an euch;
Sonne selbst läßt sich hernieder
In mein frommes Blumenreich:

Küßt die klaren Freudezähren
Eures stummen Dankes auf,
Trägt sie, alle zu verklären,
Unter Lerchensang hinauf

In den wieder freien Aether,
Sammelt dort die Thränen ein,
Schenkt sie alle segnend später
Euch als Thau im Abendschein'!

VI. Kirchweihfest.

Den Tag begrüßt ein Pöllerschuß
Und alle die Glöcklein läuten,
Was will der festliche Morgengruß?
Er will die Freude bedeuten,
Die heute hundert Herzen belebt
Zu Sang und munterem Tanze,
Der hin durch Wiesen und Bäume schwebt
Im Sonnen = und Mondenglanze.

Deß jubelt der kräftige Ackersmann,
D'rob freuen sich Kinder und Greise;
Theil nimmt heut' Jeder, und Jede daran,
Und Jedes auf seine Weise;
Der leert den Krug voll heurigem Wein,
Der dreht die blanke Dirne;
Wer mag der blasse Städter wohl seyn
Allhier mit der finsteren Stirne?

Worüber und was er sinnen mag,
Darum bekümmert sich Keiner;
Nur, daß er nicht paßt für diesen Tag
So herzlich wie ihrer einer,
Das seh'n sie wohl, doch es kümmert sie nicht;
Frohlocken tausend Herzen,
Was fragt man da um ein Angesicht,
Mit Spuren von tausend Schmerzen!?

VII. Im Dorffriedhofe.

Reiche Aecker, blum'ge Wiesen schränken
Hier das Eigenthum des Todes ein,
Ueber frische, wölbe Blumen senken
Esch' und Birke schattend sich herein.

Wandelnd da, durchfließt mich süßer Schauer,
Keine schwüle Todesbangigkeit;
Keine Schranke scheint mir diese Mauer,
D'rinnen Hügel sich an Hügel reiht.

Schwalben schweben über Kreuz und Steine,
Lerchen hängen drüber in der Luft;
Sperlinge durchhüpfen die Gebeine,
Kräuter würzen selbst den Moderduft.

Möglich, daß im klaren Vollmondlichte
Zeitweis gern hier Schatten sich ergeh'n,
Träumend, ihre Stadt im Angesichte,
Ach, von dem, was ihnen dort gescheh'n!

VIII. Mein Lehrer.

Jede arbeitfreie Stunde
Blick' zum Himmel ich so gerne,
Häng' an seinem lieben Munde,
Wenn er mir erzählt, und lerne.

Lehrt so schön die Weltgeschichte
Mich in Blumen und in Bildern,
Jetzt im Morgensonnenlichte,
Jetzt im Abendschein', im mildern.

Schlägt die Blätter auf der Rose,
Zeigt, wie langsam sie erglühen,
Wie sie, nach der Völker Loose,
Kaum im höchsten Flor — verblühen.

So auch weist' er mir die Stelle
Einer Blume, schön zu schauen;
Weiß nicht, heißt sie Immortelle,
Oder nennt man sie Vertrauen?

Zeitweis senkt er seine Lider,
Will man in das Wort ihm fallen;
Doch er hebt sich' lächelnd wieder,
Hört er, daß es — Nachtigallen..

IX. Am Fenster.

Hier am Fenster, überschauend
Ach, so vieler Menschen Wohl,
Sitz' ich, meinem Gott' vertrauend,
Sinnend, wie ein Mensch nun soll!

Sinnend ob dem Weltgetriebe,
Nach so mannichfachem Ziel',
Denkend über Glück und Liebe,
Was dieß Alles sagen will!

Während ich so sinne, gaukeln
Tausend Wesen bunt um mich,
Und in Sommerträume schaukeln
Alle mich so wonniglich!

Leben so dem Augenblicke,
Geben ihm so ganz sich hin,
Wissen nichts von dem Geschicke,
Nichts von seinem ernsten Sinn'.

Daß es so mit Völkern handelt,
Wie es schließt mit Blumen ab,
Daß es unerbittlich wandelt
Ueber Wiege hin und Grab!

X. Stadt und Land.

Seit ich auf dem Lande bin,
Blicke nach der Stadt ich hin,
Wo durch so viel tausend Herzen
Beben so viel tausend Schmerzen!

Kann den Blick nicht wenden ab
Von dem riesengroßen Grab',
Wo in Gruben, ewig offen,
Täglich, stündlich sinkt ein Hoffen!

Sitze stets am Fenster da,
Wo dem Blick die Stadt so nah',
Starre hin durch blüh'nde Ranken
Nach der guten Stadt, der kranken.

Munt're Finken, Sperlinge,
Bunte Falter, Hunderte,
Flattern ringsumher in Zweigen,
Wie erstaunt ob meinem Schweigen.

Daß mich nicht der Blumen Duft
Auf zum frohen Sange ruft;
Daß im klaren Sonnenscheine
Ich noch schweige und fast weine!

Bin ich schuld, daß ich nicht so,
Wie um mich die Vögel, froh?
Weil sie hier so glücklich leben,
Glauben sie mich glücklich eben.

Böglein, flöget ihr zur Stadt,
Würde euer Fittig matt,
Und aus eurer frommen Kehle
Spräch' die Trauer eurer Seele.

Bleibt darum nur immer hier,
Klag' ich, zürnet d'rob nicht mir,
Denn es gilt all' meine Klage
Nur der Stadt, daß ich es sage.

Seit ich auf dem Lande bin,
Streift mein Geist darüber hin,
Innerhalb der städt'schen Mauer
Schämt man ja sich seiner Trauer.

Wäre sie die reinste gleich,
In der Stadt ist nicht ihr Reich:
Aber unter frischen Bäumen
Ist gut weinen und gut träumen.

XI. Die Vögel auf dem Felde.

Was wollt ihr auf dem Acker,
Ihr Vögel, groß und klein?
Und singt ihr noch so wacker,
Was trägt's euch, saget, ein?

Ihr stört ja nur die Leute,
Die säen und ernten da,
Und wenn man euch verscheute,
Verzeihlich wär's beinah'.

Daß mancher eurer Grüße
Dem Thät'gen Freude mach',
Das Leben ihm versüße,
Wer fragt denn viel danach?

XII. Die Tauben.

Da flattert ein Täubchen,
Ein Männchen durch's Feld,
Indessen sein Weibchen
Die Küche bestellt.

Die Kinderlein stammeln
Um Fütterung stets,
Das Männchen muß sammeln,
Es ist so Gesetz.

XIII. Gespräch mit den Bäumen.

Stieg heut' den Berg hinan
Und wollt's einmal versuchen,
Mit Birken und mit Buchen
Zu sprechen, und begann:

Wie lebst du, Buche, sprich,
Im einsamen Bezirke?
Wie geht's dir, liebe Birke,
Wie unterhältst du dich?

Die Birke sprach zu mir:
Kannst's von der Buch' erfahren,
Erst seit zweihundert Jahren
Leb' ich im Walde hier.

Die Buche d'rauf: Mein Freund,
Sieh nur das junge Närrchen,
Macht meiner tausend Jährchen
Sich lustig, wie mir scheint!

Wie lebt ihr so allein?
Je nu, wir leben ehrlich,
Und grünen frisch alljährlich
Im Frühlingssonnenschein.

Und das ist unser Stolz,
Daß bis zur Lebensneige
Wir treiben frische Zweige
Und geben gutes Holz.

So fließt dahin die Zeit;
Auch freuen uns die Weisen
Der Finken und der Maisen
Voll frommer Lustigkeit.

Jedoch zur Winterszeit?
Da freilich ist es traurig,
Sogar bisweilen schaurig,
Doch lustig, wenn es schneit.

Die Flocken tanzen gern
Zur hellen Nordwindspfeife,
Wir klimpern auf dem Reise;
Und sieh' von nah und fern

Kommt mancher Vogel her,
Nimmt Theil an dem Vergnügen;
Und muß er weiter fliegen,
Es fällt ihm wahrlich schwer.

Auch kosen wir zumal
Vom künft'gen Lenzeskleide
Aus neuer grüner Seide,
Und von der Lerch' im Thal.

Und so vergeht die Zeit;
Hand um, es blüht der Flieder,
Uns überströmt dann wieder
Die Frühlingsseligkeit!

Nach tausend Wintern sah
Ich tausend schöne Lenze,
Und hoffe seine Kränze
Fünfhundertmal noch da.

So sprach die Buch', und ich
Ging in Gedanken weiter,
Und grüßte herzlich, heiter
Die Bäume rings um mich.

XIV. Stolz des Daseyns.

Tage kommen, Tage gehen
Hin den Pfad der Ewigkeit,
Aber blüh'nde Bäume sehen
Wir zu jeder Frühlingszeit.

Menschen sterben, Menschen erben,
Einer lös't den And'ren ab,
In der Welt ist kein Verderben,
Eine Wieg' ist jedes Grab.

Menschenwiege, Saatendünger,
Eines zieht das And're groß,
Jenes älter, dieses jünger,
Wandlung ist der Erde Loos.

Eine Wand'rung ist das Wandeln,
Eine Reise hin und her;
Pflanzen blühen, Menschen handeln,
Die Natur ruht nimmermehr.

Blickt nur um bei jedem Lenze;
Zahllos Blüthen, einstens Frucht!
Blickt nur um an jeder Grenze,
Die der Mensch zu weitern sucht!

Leben fußt auf gutem Grunde,
Ihn durchströmt ein ew'ger Hauch,
Und was einst aus edlem Munde
Klang, ertönt aus unf'rem anch.

Klagt nicht um gestorb'ne Meister!
Klagt ihr denn um einen Mai?
Denkt vielmehr, daß jener Geister
Geist auch noch der unf're sey!

———

Joseph Bergmann.

(Wien.)

Der Frühling.

(Allemannisch.)

Mir isch so wohl, i ha scho lang g'nng g'schlofe,
Und endli b' wüße Windle vo de Füße
Abg'strebelt; frische Lüftli othm'i — es isch mir
So wohl, i bi wie nüügebore; aber
5 Du, Mütterli! bisch furt. Wo bisch du hi,
O liebes Ammeli? — I mueß di suche! —
Ah schochli schoch! es früürt mi, i mueß do,
E Chleidli ha, der Mutter wüßes isch wey!
 Nu wadle, Hösli her, frisch her, ihr grüne,
10 Um b' Schenkel, rund und glatt, mit schwarze Nestle;
Ihr blaue Strümpf mit wüße Zwickle her,
Und b' Schueh vom finste, schönste Chalbileder.
Baarfuß isch es zu früeih, es bringt no Huste
Und Schnupfe! 's Lübli, poß! het dupf'te Blüemli
15 Geel, roth und blau; ei lueg — e lange Seele,
Aß b' Hösli halte, so 'ne frut'ge Burst
Jo lauft und rennt über Stock und Stei, wie
E schelligs Fülli uf die junge Matte.

Ah schoch! E Tschöpli mueß i ha (es blös't

20 E ruuche Luft 'rab vo der wüße Platte).

Mit wite Aermle; eng chan i nüt ha,

I wachs' und das recht bald, i merk's, es rüehrt

Und streckt sie in de chlinste Gliedern.

I ha wohl länger g'schlofe heuer, as

25 Wie fernd, — e Burst bin i, wohl andersch

As des Landamma Toni, der bo alle Buebe

Und alle hübsche, muntre Maidli g'fallt!

E schönes Hüetli, grün usstaffirt, und

Mit zärte Blüemli ziert, frisch uf de Chopf;

30 Die Bäum hen au scho ihre grüne Chäppli,

Recht so! i mueß mi sufer puße, 'sisch jo

Mi Namistag hüüt, heiß' i denn nüt Jrgli?

Es chunnt mi Holderstock mir gratulire,

Und bringt mir frische Blumi uf de Huet.

35 I dank und gib uf's Bäckli ihm e Schmüßli!

Jez lueg' i, wie die Matte grüne, und wie

Die Chüehli weide, und um sie die Chalbi,

Wie b' Bäumli blüeihe, alles lebt und othmet

Vo Gottes Chuuch, die Würzli tief im Bode,

40 Die Vögli uf em Baum, und b' Chäfer fliege,

Es rege überall sie tusig Lebe,

I will sie alle wecke! 's lüte Horn her!

I leg's an b' Lippe frisch, und blös', was i

Nur blöse cha in's Thal 'nab, uf die Berg,

45 Und 's wache Schwefterli *) git mer Antwort!

   Es höre jung und alt, die Maidli alle,

   Die Bube chömme all und luege, springe

   Und tanzen in de wüßen Aermle, i ·

   Vorā mit meinem Holderstock im Staat,

50 Die Pfauefeder ufem Huet, die wie

   Der Regeboge 'rab vom Himmel luegt!

   Es chunnt· der Tag·vo 's Maye Hanneli,

   Sim allerschönste Töchterli; am Sunntig

   Isch 's hochi Fest, der vier und zwanz'gste May.

55 I goh ihm z' wünsche, aber sag mer — was? —

   De Rosmarin im Chnopflo? denn sie isch

   Mi Brüttli, ihre Aetti git sin Sege; ·

   Mi Mütterli hat sine Freud, und hoch

   Von obe luegt min Aetti zu be Chind're

60 Mit sinem große gold'ne Aug und lacht —

   Sin Irgli isch mit 's Maye Hann'li selig!

---

*) Die Echo.

Einige Sach- und Worterklärungen für Nichtkenner der allemannischen Mundart.

Der erwachende Frühling, seines neuen Lebens froh, tritt im Selbstgespräche auf, streift die Windeln ab, kleidet sich mit dem farbenreichen Gewande der Natur, und wächst zum schönen, kräftigen Jüngling heran, der mit seiner geliebten Hanni, der Tochter des Mai's, sich vermählt.

Vers 1. und 24. I ha heißt: ich habe; diese Mundart liebt die einfachen Stammsilben, und 8. ha heißt: haben.

2. und 8. wüße = weiße, indem bei den Doppellauten ei und eu der zweite Selbstlaut gedehnt hervortritt; so Vers 4. nüügebore = neugeboren.

3. Abg'strebelt = abgestreift, östr. abg'strampelt, wie es Windelkinder machen, intensiv von streben, wie lächeln von lachen.

5. Hi = hin, so bi, scho ꝛc. heißt bin, schon; dann i, mi, di, si, heißt: ich, mich, dich, sich, da n und ch am Ende gewöhnlich abfallen.

6. Ammeli = Mütterchen von Amme.

7. und 19. Uh schochli schoch = Empfindungswort bei'm Gefühle der Kälte, — früürt mi = friert mich.

9. wadle = schnell, eilends, vgl. wallen

14. Lübli = Leibchen, Weste.

15 Geel = gelb; lueg = schau; Seele = Hosenträger, gleichsam Hosenseil, aus Seil, althochd. silo und mittelhochd. sil. Besonders um Bludenz und im Thale Montefon.

16. Aß = daß; frutig = munter, hurtig.

18. E schelligs Fülle = ein wildlaufendes Füllen; daher umschellen, d. i. umherlaufen; eine alte Dorfläuferin heißt eine Dorfschelle. Hierher gehört auch das allgemein bekannte verschollen von Einem, der längst weggelaufen, abgezogen ist.

19. Tschöpli = Jacke mit Aermeln, vergl. Schaube, franz. jupe, span. chopa.

20. wüße Platte, Name eines Berges im Bregengerwalde.

23. chlinste = kleinsten.

24. und 26. as = als.

25. fernd = voriges Jahr, vergl. Firnewein.

30. hen = haben;

31. Recht so! sagt er, sich den Hut zurecht setzend; sufer = sauber.

32. Mi = mein; hüüt = heute; Jrgli = Georg (am 24. April.)

33. und 52. chunnt =, kömmt; Holderstock = Geliebte, von Hold, daher Holdschaft = Liebschaft.

35. Schmützli = derber Kuß, vergl. Schmatz

37. Chüehli = Kühe; Chalbi = Kälber.

39. Chuuh = Hauch.

41. tufig = tausend.

42. und ff. Der Frühlings=Jüngling nimmt das Horn und weckt die schlummernden Kräfte der Natur in's volle, reiche Leben, und die wache Schwester Echo giebt ihm Antwort. — lute = laute;

44 blöse cha = blasen kann.

45. git = giebt.

47. chömme = kommen.

53. sim = seinem.

55. goh = gehn; mer = mir;

56. Chnopfld = Knopfloch.

57. Brüttli = Braut; Aetti = Vater. Der Frühlingskester ist die Sonne.

61. Sin = sein.

Inhaltsverzeichnis.

Druck von B. G. Teubner in Dresden.